I0225197

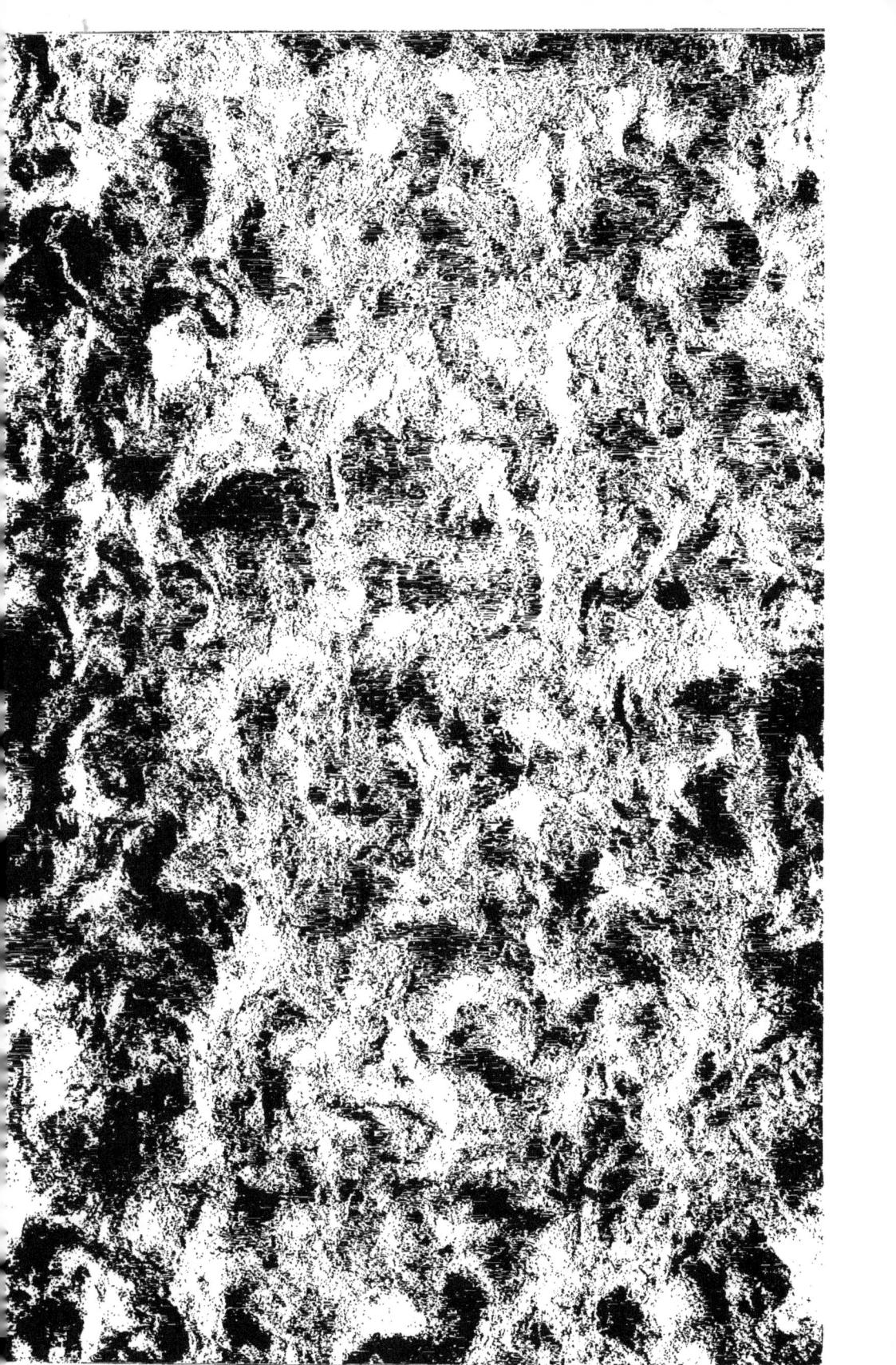

FERRIÈRE 1986

MÉMOIRE

SUR LES

ÉTATS DE FOIX

(1608-1789)

THÈSE

Présentée à la Faculté des Lettres de l'Université de Paris

PAR

G. ARNAUD

PROFESSEUR AU LYCÉE MIGNET

TOULOUSE

IMPRIMERIE ET LIBRAIRIE EDOUARD PRIVAT

RUE DES ARTS, 14 (SQUARE DU MUSÉE)

1904

MÉMOIRE

SUR LES

ÉTATS DE FOIX

(1608-1789)

4° L K 14

302

ACQUISITION
85-14260

MÉMOIRE

SUR LES

ÉTATS DE FOIX

(1608-1789)

THÈSE

Présentée à la Faculté des Lettres de l'Université de Paris

PAR

G. ARNAUD

PROFESSEUR AU LYCÉE MIGNET

TOULOUSE

IMPRIMERIE ET LIBRAIRIE EDOUARD PRIVAT

RUE DES ARTS, 14 (SQUARE DU MUSÉE)

—

1904

AVANT-PROPOS

Peu de temps après la publication du décret du 28 juillet 1903, Monsieur le Doyen de la Faculté des lettres de Paris envoyait une circulaire aux candidats au doctorat, dans laquelle on lisait : « Sans vouloir édicter un règlement plus impératif que ne l'est le décret, ni gêner en rien la libre initiative des candidats, la Faculté des lettres de l'Université de Paris leur conseille de ne pas donner à la seconde thèse le même caractère ni surtout la même étendue qu'à la première, d'en faire autant que possible une contribution érudite, aussi courte que précise : bibliographie ou catalogue critique, édition d'un texte intéressant (non publié déjà, ou mal publié, recherche ou commentaire sur un fait ou sur un document, etc. »

Quand j'ai reçu cette circulaire, mon *Mémoire* était déjà rédigé en français. Or, après le décret du 28 juillet 1903, je ne pouvais penser à écrire en latin une thèse sur un sujet moderne et, d'autre part, je n'avais pas pris mes notes en vue d'une publication de textes. Tout mon travail aurait été à recommencer si Monsieur le Doyen et Messieurs les Professeurs de la Faculté des lettres de Paris n'avaient tenu compte de la période de transition dans laquelle se trouvent, en ce moment, les candidats au doctorat et ne m'avaient autorisé à présenter ce *Mémoire* qui a été conçu et exécuté suivant la méthode de l'ancienne thèse latine. Je les prie d'agréer l'hommage de toute ma reconnaissance.

SALLE DES ÉTATS DE FOIX

(1780)

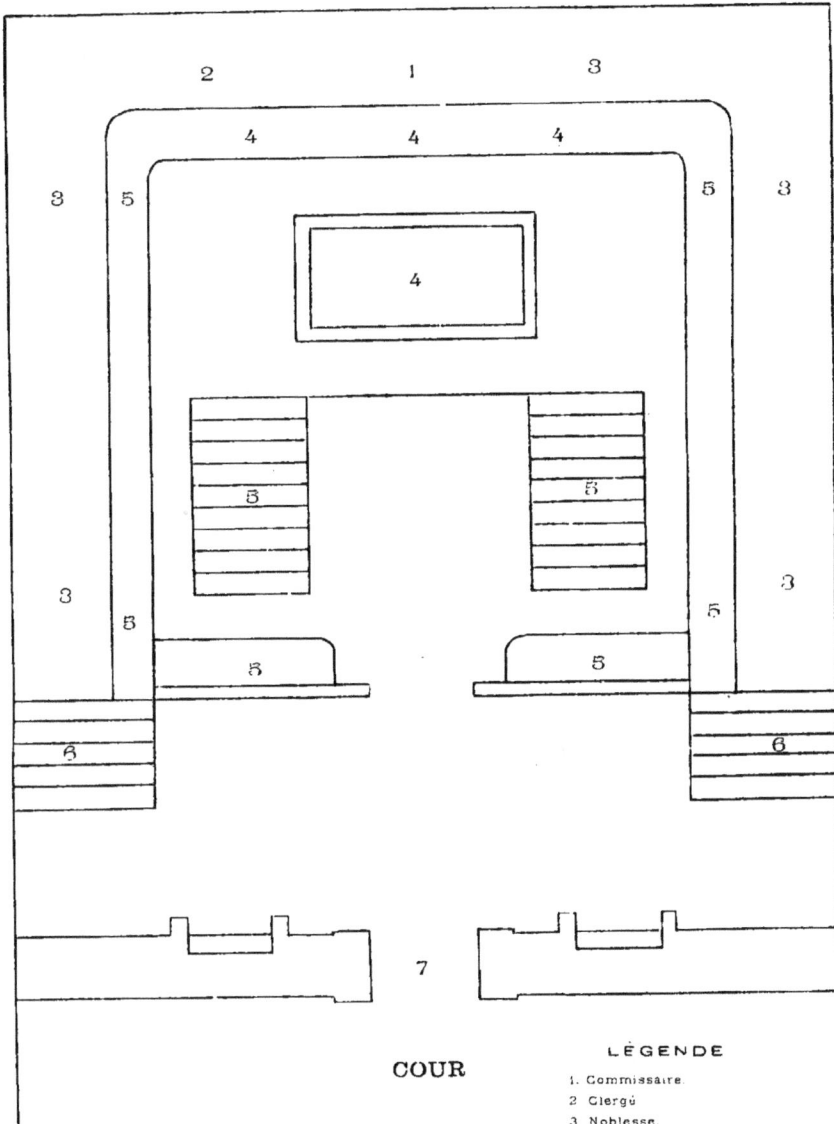

COUR

A:cr. n H 716

LÉGENDE

1. Commissaire.
2. Clergé
3. Noblesse.
4. Officiers des États
5. Tiers-État.
6. Escaliers des hauts bancs
7. Porte

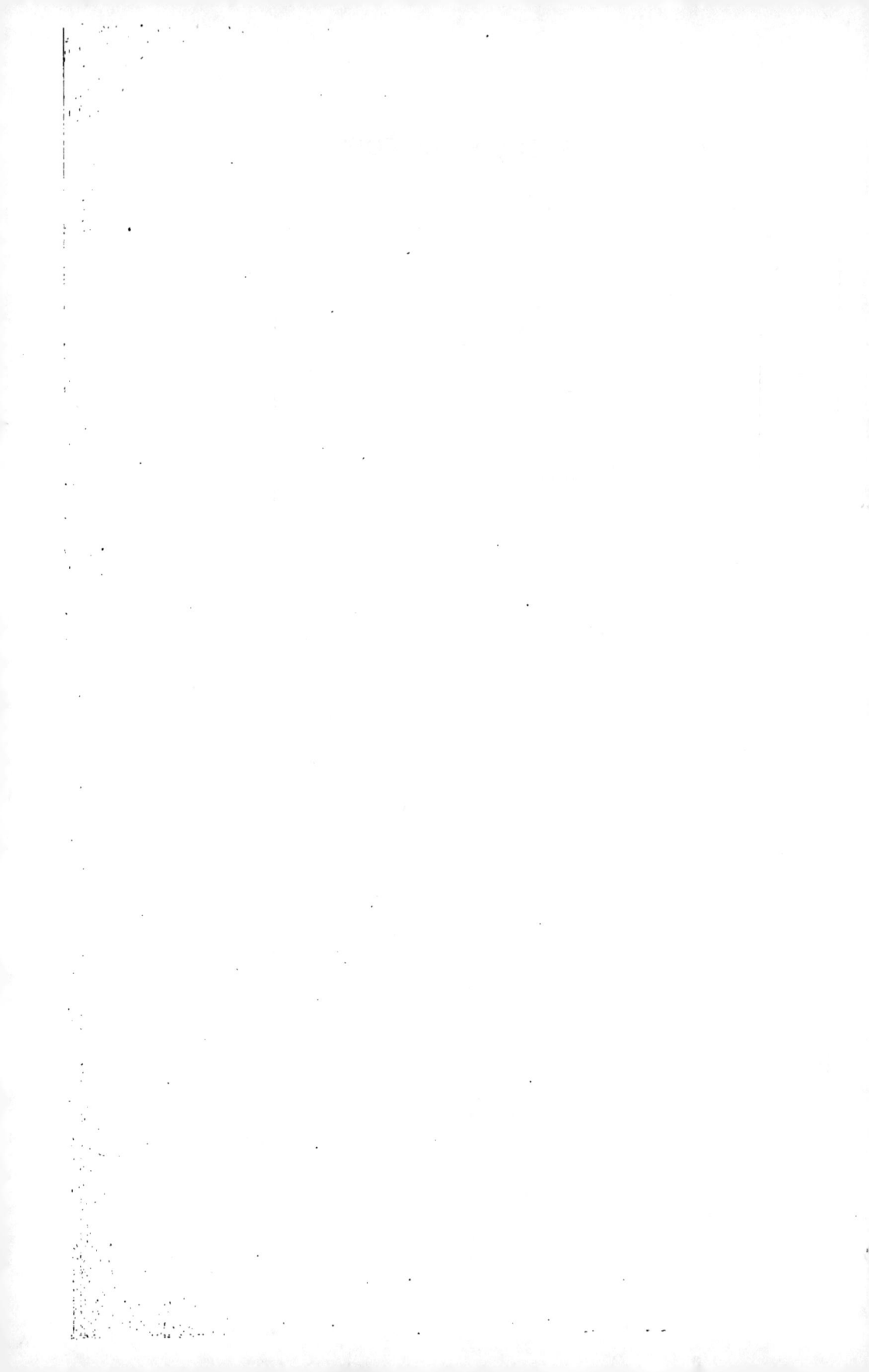

BIBLIOGRAPHIE

I. SOURCES MANUSCRITES

A) **Procès-verbaux**

1° Archives départementales de l'Ariège [1]

Proc.-verb. de 1614.	Proc.-verb. de 1660.
— 1638.	— 1661.
— 1639.	— 1664.
— 1641.	— 1665.
— 1642.	— 1666.
— 1645.	— 1667.
— 1647.	— 1668.
— 1648.	— 1674.
— 1649.	— 1675.
— 1650.	— 1677.
— 1651 (juil.) [2].	— 1678.
— 1651 (août).	— 1679.
— 1652.	— 1680.
— 1653.	— 1681.
— 1655 (1re ass.) [3].	— 1682.
— 1655 (2e ass.)	— 1683.
— 1656.	— 1684.
— 1658.	— 1685.
— 1659.	— 1686.

[1] Le fonds des Etats n'était ni inventorié ni classé au moment où j'ai fait mes recherches. Les procès-verbaux étaient entassés pêle-mêle sur des étagères. Tout près se trouvaient, dans le même désordre, des arrêts du conseil, des lettres, des requêtes et d'autres pièces concernant les Etats de Foix. Les pièces rangées sous les rubriques S. C et S. C, affaires municipales, n'étaient pas classées davantage. Tous ces documents étaient mêlés à d'autres qui ne nous concernent pas.

[2] Election de députés aux Etats généraux.

[3] Quand il y a deux assemblées en un an, l'une est pour l'année précédente, l'autre pour l'année présente; ou bien l'une pour l'année présente et l'autre pour l'année suivante.

Proc.-verb. de 1688 (1re ass.)	Proc.-verb. de 1727.
— 1688 (2e ass.)	— 1728.
— 1689.	— 1732.
— 1690.	— 1735.
— 1693.	— 1736.
— 1694.	— 1737.
— 1695.	— 1741.
— 1696.	— 1742.
— 1697.	— 1745.
— 1698.	— 1746.
— 1699.	— 1749.
— 1700.	— 1751.
— 1701.	— 1752.
— 1702.	— 1753.
— 1703.	— 1754.
— 1704.	— 1756 (1re ass.)
— 1705.	— 1756 (2e ass.)
— 1706.	— 1757.
— 1707.	— 1759.
— 1708.	— 1760.
— 1709.	— 1766.
— 1710.	— 1767.
— 1711.	— 1768.
— 1712.	— 1771.
— 1713.	— 1776.
— 1714.	— 1779.
— 1715.	— 1781.
— 1716.	— 1782.
— 1717.	— 1783.
— 1718.	— 1785.
— 1719.	— 1786 (1re ass.)
— 1720.	— 1786 (2e ass.)
— 1724.	— 1788.
— 1725.	— 1789.
— 1726.	

2° *Archives nationales*

H¹ 714. Procès-verbaux des Etats de Foix (de 1688 à 1782).

H. 713-714. Procès-verbaux de 1769, 1778, 1780 et 1781.

в) **Extraits des procès-verbaux**

1º *Archives départementales*

Quelques papiers qui regardent le pays de Foix. (Extraits des proc.-verb. de 1584 à 1638 inclusivement).

Table des matières les plus importantes contenues dans les verbaux. (Extraits des proc.-verb. de 1633 à 1641 inclusivement).

Commissaire du roi. L'assemblée des Etats a le droit de faire vider les contestations par le commissaire du roi. (Extraits des proc.-verb. de 1638 (1re et 2e ass.), 1649, 1675, 1677, 1679. A la suite de cette pièce est une note sur les syndics, extraite d'une délibération de 1661).

Délibérations des Etats au sujet des 1.500 liv. accordées au roi, année par année, depuis 1652, pour les quartiers d'hiver. (Extraits des proc.-verb. de 1652, 1653, 1655 (1re et 2e ass.), 1660, 1663, 1676, 1679, 1680, 1681, 1682, 1683, 1684, 1685 et 1686).

Règlement concernant les grands chemins de la province de Foix. (Extraits des proc.-verb. de 1737, 1767, 1770 et 1772). Imprimé.

Règlement concernant les impositions de la province de Foix fait par les Etats de la province le 22 nov. 1663. (Extraits des proc.-verb. de 1663, 1664, 1665, 1666, 1671, 1678, 1703, 1704, |1743, 1752, 1771, 1773, 1777 et 1778). Imprimé.

2º *Archives nationales*

H. 715. Extraits du proc.-verb. des Etats de 1772.

H. 716. Extraits du proc.-verb. de 1766.

c) **Observations ou rapports sur les délibérations des Etats**

Archives nationales

H. 713-714. Rapport au roi (1780).

Rapport et observations sur les délibérations des Etats de 1782.

H. 715. Observations sur le verbal des Etats de 1783.

Observations sur les Etats de 1787[1].

Rapport sur les Etats de 1789.

H. 716. Observations de M. d'Artiguières sur le projet de règlement fait par les Etats (1784).

K. 687. Observations sur les représentations des Etats de Foix à l'occasion de la démission de leurs syndics.

---

[1] Etats de 1786 (2e ass.)

D) **Mémoires sur les Etats et le pays de Foix**

1° Archives départementales, série C

Mémoire pour les Etats de Foix. 1787.

2° Archives nationales

H. 713-714. Mémoire au duc de La Vrillère (10 mai 1772).
Mémoire de R. de Sᵗ-Sauveur, intendant de Roussillon
(16 oct. 1781).
H. 715. Mémoire de Darmaing, syndic de la province. (1786).
Mémoire d'Acquat pour le tiers état de la province et
pays de Foix. (1789)[1].
H. 716. Mémoire à Necker par l'abbé de Gueydon. (1780).
Des villes et lieux privilégiés de la province.
Tableau de la Comté, par d'Usson. (1780).
Notices sur l'intendance de Roussillon et le Comté de
Foix.
Mémoire de M. de Marseilhas sur l'administration du
pays de Foix. (1784).
Etats du pays de Foix.
H. 722.2. Mémoire à l'intendant de Roussillon.
K. 1162. Mémoire sur le pays de Foix en général. (1739).

E) **Lettres patentes et arrêts du conseil**

1° Archives départementales

Lettre patente du roi Henri II. (1555). Imprimé.
Edit du roi (1633).
Arrêt du conseil (1745). Imprimé.

2° Archives nationales

H. 715. Articles que la province demande être réglés par le roi.
(17 août 1674). Imprimé.
H. 716. Lettres patentes et arrêt du 22 avr. 1664.

F) **Lettres, projets et requêtes**

1° Archives départementales

Procuration des syndics généraux à un avocat du conseil (1640).
Députation d'un syndic au roi (1660).
Règlement à demander. (Postérieur à 1689).

---

1 Se trouve aussi sous la cote Bᵃ 63. Mes citations sont tirées de la brochure
imprimée en 1789. (Arch. dép.)

Projet de réforme des Etats. (Postérieur à 1668 et antérieur à la réforme de 1672).

Lettre de l'évêque au Mis de Châteauneuf. (1690).

2° Archives départementales, série C

Lettre de l'intendant de Perpignan. (1745).

Lettre des deux syndics à la commune du Fossat. (1746).

Lettre de l'évêque à l'intendant (13 nov. 1777).

3° Archives nationales

H. 713-714. Lettre de l'évêque de Pamiers. (2 sept. 1782).

Lettre d'Amelot à M. Costes (28 oct. 1782).

Lettre de l'évêque de Pamiers (11 nov. 1782).

H. 715. Lettre de l'évêque de Pamiers. (24 févr. 1789).

Lettre du marquis d'Usson. (23 fév. 1789).

H. 716. Projet d'un nouveau règlement (par le Mis d'Usson).

H. 722.2. Lettre de l'intendant de Roussillon. (1779).

Lettre à l'intend. de la gén. de Pau et Bayonne (7 mars 1785).

Lettre à M. de Villedeuil (9 avr. 1789).

K. 687. Projet d'un nouveau règlement pour les Etats de Foix. (Juin 1780).

B^a 60. Requête au roi (de la com. interm.) (1789).

Lettre du chev. de Roquefort. (Marquié-Cussol) (19 janv. 1789).

Mémoire des commun. de Foix et de Tarascon sur la comm. interm. [1]

G) Diverses pièces concernant les Etats et le pays de Foix

1° Archives départementales

Copie du « Cartulaire d'Orthez », « extrait fait au trésor du roi à Pau en 1520[2]. »

Avis au public. (Probablement de 1778).

---

[1] C'est une *requête* plutôt qu'un *mémoire*.

[2] Il est fait mention de ce *cartulaire* dans le *Projet de réforme* : « ... Pour se conformer à l'entier tableau ou catalogue de 1520, tiré de la Chambre du *Trésor de Pau* qui doit servir de loi pour régler la question présente... » M. l'archiviste des Basses-Pyrénées, à qui j'ai envoyé une copie de cette pièce, n'a pu me donner aucun renseignement. Il m'a fait savoir seulement qu'il y a un cartulaire aux archives municipales de la ville d'Orthez et que M. l'archiviste Courteault est chargé de le publier. Je me suis adressé à M. Courteault qui m'écrit que ce *cartulaire* « est purement municipal et ne contient que des actes relatifs à la ville d'Orthez. »

2° Archives départementales, série C

Harangue de M. Seré, syndic général et réponse de M. de Gêres, commissaire du roi. (1677).

Franc-alleu. Pays de Foix. (1696).

Co-seigneurs du Fossat. (Note de 1748).

Les intendants aux États. (Pièce postérieure à 1780).

3° Archives nationales

H. 716. Carte du Comté de Foix.

Plan de la salle des États.

Note sur les impôts du Comté de Foix.

K. 1162. Tableau des revenus des abbayes, chapitres, communautés religieuses, évêchés et hôpitaux du Comté de Foix. (1788).

Bᵃ 60. Extrait des registres des délibérations du Présidial de Pamiers. (23 nov. 1788).

II) **Offices municipaux**

1° Archives départementales, série C, affaires municipales

Lettre d'Amelot à M. de Saint-Sauveur. (1770).

Lettre de Darmaing à l'intendant. (1772).

État des villes et communautés des pays de Foix et Donezan où il y a corps municipal. (1772).

Lettre de La Vrillère à l'intendant. (20 juil. 1772).

Lettre d'un subdélégué à l'intendant. (24 août 1772).

Lettre de Boyer (subdélégué, sans doute à l'intendant). (28 déc. 1772).

Lettre du maire de Saverdun à l'intendant. (1773).

Lettre de Boyer à l'intendant. (1773).

Lettre de l'intendant de Perpignan aux deux subdélégués. (1773).

État des sujets nommés par le roi, l'année 1773, aux places municipales des villes du département de Foix.

Lettre d'un subdélégué (sans doute à l'intendant). (5 déc. 1776).

Lettre de l'évêque de Pamiers. (3 mai 1778).

Lettre d'un subdélégué (sans doute à l'intendant). (1780).

Lettre d'Amelot à M. de Saint-Sauveur. (1780).

Id.	(1780).
Id.	(20 avr. 1780).
Id.	(19 mai 1780).
Id.	(16 juin 1780).
Id.	(27 juil. 1780) (2 lettres).

Propositions du subdélégué (1782).

Délibération de Verniolle. (1782).

Lettre de Boyer. (27 mai 1782).

Lettre d'Amelot à M. de Saint-Sauveur. (29 déc. 1782).

    Id.   (1783) (2 lettres).

Lettre de Placé de Laprade (d'Ax) à l'intendant. (janv. 1783).

Lettre de Boyer à l'intendant. (1783).

Lettre à l'intendant. (15 fév. 1783).

  Id.   (26 févr. 1783).

Lettre à M. de Breteuil (s. d., postérieure à 1783).

Lettre de M. de Breteuil à Boucheporn (intendant). (28 sept. 1786).

Lettre à l'intendant. (25 oct. 1786).

Extrait d'une délibér. de Mérens. (17 déc. 1786).

Lettre de M. de Breteuil à Boucheporn. (4 juil. 1787).

Lettre de Saint-Priest (16 août 1789).

2° Archives nationales

H. 722.2. Rachats et nominations aux offices municipaux. (28 avr. 1788).

———

II. SOURCES IMPRIMÉES

———

Pasquier. — Privilèges et libertés des trois états du Comté de Foix à la fin du xive et au commencement du xve siècle. Bulletin histor. et philol. du minist. de l'instr. publ. 1896. Tirage à part, broch. 10 p. Imp. nat.

De Lescazes. — Le Mémorial historique, contenant la narration des troubles et ce qui est arrivé… dans le pays de Foix… (de 1490 à 1640). Tolose. Colomiez. 1644. Ed. Pasquier. 1894. Foix. Pomiès.

Cadier. — Les Etats de Béarn, depuis les origines jusqu'au commencement du xvie siècle. Imp. nat. 1888.

INTRODUCTION

L'évêque d'Agoult, président des Etats de Foix, disait en 1789 : « L'origine des Etats de cette province se perd dans les temps les plus reculés. Des titres du xe siècle, conservés dans vos Archives, attestent l'existence de vos assemblées. Et depuis cette époque, et sous la longue suite de vos souverains particuliers, ces mêmes assemblées ont conservé sans interruption le droit de consentir des subsides et de concourir à l'administration [1]. »

Si, en 1789, on conservait, aux Archives des Etats, des titres du xe siècle, ces titres étaient certainement apocryphes. Les Etats de Foix ne remontent qu'à la fin du xive siècle. Un des savants, qui connaissent le mieux l'histoire du Comté, M. l'archiviste Pasquier [2], a trouvé l'acte de naissance des Etats et montré la genèse « des libertés locales ».

« Au xiiie et au xive siècles, dit-il, les Comtes, lors de leur avènement ou dans toute autre circonstance, quand ils promulguaient ou confirmaient des chartes de liberté, s'adressaient à une commune prise isolément... » C'est la période d'émancipation communale.

[1] Arch. dép., proc.-verb. 1789.

[2] F. Pasquier, privilèges et libertés des trois états du Comté de Foix à la fin du xive et au commencement du xve siècle.

Le 26 août 1391, les nobles du pays de Foix, possédant fiefs, obtiennent de Mathieu de Castelbon, successeur de Gaston Phœbus, une charte de franchises, « la première, dit M. Pasquier, ayant un caractère d'intérêt général. » On peut la résumer ainsi :

« 1º *Garanties pour la noblesse.* — La noblesse ne doit pas être exposée aux coups de force, à l'arbitraire du Comte, « non fassa degunas forsas. » Le recours au roi de France, suzerain du pays, est invoqué et proclamé...

« 2º *Service militaire.* — Les vassaux ne doivent aucun service au Comte que s'ils en sont requis par leurs seigneurs. Défense est faite, en conséquence, au souverain d'exiger d'eux directement, et sans recourir au possesseur du fief, des bêtes de somme ou toute autre chose... Les gentilshommes, en ce qui les concerne, ne refusent pas de marcher sur un ordre du Comte, mais encore faut-il qu'ils soient tenus de se déplacer pour un motif légitime... Que ce soit pour une expédition à laquelle ils ne peuvent se soustraire ou pour une campagne entreprise dans un but d'intérêt privé, les gentilshommes doivent être entretenus par le Comte, comme le roi de France le fait pour ses troupes...

« 3º Le fouage ou tout autre impôt ne doit être levé ni payé et aucune charge ne peut être établie sans le consentement des gentilshommes... [1] »

Voilà donc le Comte obligé de consulter l'assemblée de la noblesse pour faire la guerre et pour lever les impôts. Que les abbayes et les communautés, qui

[1] Pasquier, id.

ne sont pas sur les terres des nobles, obtiennent ces mêmes droits, et les Etats seront constitués.

Ils le sont en effet quelques années plus tard. « En 1398, il est question de trois états qui parlent et agissent au nom du pays. La charte, octroyée par Isabelle et Archambaud, est en faveur non plus d'un seul ordre, mais aussi au profit du clergé et des communes qui, d'accord, ont présenté une même requête. Les privilèges ont trait, comme ceux octroyés par Mathieu de Castelbon, au service militaire, aux impositions ; les termes de la Charte s'adressent à la généralité des habitants [1]. »

C'est là sans doute l'acte primordial. Le texte roman de la charte n'existe plus, mais nous avons une traduction française faite, en 1680, par ordre des Etats [2].

Nous n'avons presque aucun document des xve et xvie siècles. Les plus anciens procès-verbaux sont perdus depuis longtemps [3]. Nous ne savons rien de l'organisation primitive des Etats ; nous ne savons même pas à quel moment ils ont commencé à se réunir à des époques fixes.

Tout ce que les rares textes, que nous possédons, nous permettent de constater, c'est :

1° Que les Etats furent les conseillers politiques des Comtes ;

2° Qu'ils leur votaient des subsides ;

3° Qu'ils s'unissaient aux Etats de Béarn, Bigorre,

[1] Pasquier, id.
[2] Arch. dép., fonds des Etats.
[3] V. Arch. dép., proc.-verb. 1694 et 1742.

Gabardan, Marsan et Nébouzan pour former les Etats généraux du roi de Navarre ;

4° Qu'ils ont député aux Etats généraux du royaume de France [1].

Nous n'avons pas les éléments d'une étude sur l'organisation primitive et l'évolution historique des Etats de Foix ; mais la série presque complète des procès-verbaux des XVII⁰ et XVIII⁰ siècles, les papiers du fonds des Etats des archives départementales de l'Ariège et quelques cartons des Archives nationales nous permettent de faire revivre cette vieille assemblée à l'époque de son plein développement et même de sa décadence.

---

[1] V. Cadier, p. 195, 201, 381 et 393. Arch. nat., B³ 60. Extraits des reg. du Présidial. De Lescazes, Mém. hist.

LIVRE Ier

ORGANISATION DES ÉTATS

Chapitre Ier

LE CLERGÉ

---

1. L'évêque et les cinq abbés. 2. Rôle des cinq abbés.
3. Rôle de l'évêque.

1. L'évêque et les cinq abbés. — Les Etats de
Foix se composaient de membres du clergé, de la
noblesse et du tiers.

Le clergé n'était représenté, dans cette assemblée,
que par l'évêque de Pamiers et les abbés commen-
dataires de Foix, de Boulbonne, du Mas-d'Azil, de
Lézat et de Combelongue [1]. Si l'on excepte l'évêque,
on peut dire que pas un membre du clergé séculier
n'entrait aux Etats. Et encore l'évêque n'y entre-t-il
pas en tant qu'évêque, mais à cause des seigneuries
et bénéfices attachés à son évêché [2]. L'évêque et les

---

[1] Arch. dép., pièces div., Copie du cartulaire d'Orthez et tous
les proc.-verb. ayant en tête le catalogue.

[2] « Les Etats de Foix, ainsi que ceux de tous les pays de l'ancien
domaine de Navarre, ne sont composés que de deux ordres, celui

abbés n'assistaient aux assemblées « que d'après un
droit attaché à une propriété personnelle et sans délégation aucune [1]. » Quand ils se présentaient pour la
première fois, ils donnaient lecture « du brevet et de
l'acte de mise en possession [2]. » Ils n'étaient donc
reçus qu'à titre de « seigneurs ecclésiastiques [3]. »

Les abbés ne représentaient pas plus les religieux
que l'évêque le clergé séculier, car il était contraire
à l'usage et au règlement des Etats « de recevoir
aucun religieux ni gens de main-morte. » Aussi
quand le chapitre cathédral de Pamiers eut acquis la
seigneurie de Sainte-Foy, qui avait entrée aux Etats,
il ne put députer à cette assemblée et la nomination
du représentant de la seigneurie de Sainte-Foy fut
faite non par le chapitre, mais par l'évêque [4].

Les abbés avaient rang immédiatement après
l'évêque et ils furent quelquefois en rivalité avec lui.
Ils avaient une prétention que l'évêque n'admettait
pas, celle d'entrer aux Etats « en camail et rochet,
appuyés sur un prie-Dieu [5]. » C'est un abbé de
Boulbonne qui protesta le premier contre les pouvoirs exagérés de l'évêque [6].

---

des seigneurs et celui des communes. Les évêques, abbés et chapitres, qui ont le droit d'y siéger, ne l'exercent qu'en vertu des
seigneuries attachées à leurs bénéfices. » Arch. nat., Bᵃ 60. Requête au roi (de la com. interm.) 1789.

[1] Acoquat, Mémoire pour le tiers-état, p. 8.
[2] Arch. dép., proc.-verb. 1768.
[3] Id., 1693 et 1709.
[4] Id., 1688, 1689, 1694.
[5] Id., 1690, 1693.
[6] Arch. dép., pièces div. Règlement à demander. Ms. s. d.,
XVIIᵉ siècle.

2. Rôle des abbés. — D'ailleurs l'influence des abbés fut à peu près nulle dans l'assemblée des Etats, car ils n'y venaient pas. « Il y a cinq abbés qui ont entrée aux Etats, dit le marquis d'Usson, c'est un hasard lorsqu'on a l'honneur d'en posséder un ; depuis douze ans, je n'en ai vu qu'un seul, toujours le même et cela trois fois seulement [1]. » « On ne peut compter sur l'ordre du clergé, dit M. de Marseilhas, où il n'y a jamais deux voix [2]. » Acoquat confirme ces témoignages : « L'ordre du clergé, dit-il, est ordinairement réduit, dans les assemblées, à un seul membre... (Les abbés) sont réellement nuls dans l'administration, ne paraissant y appartenir que pour allonger inutilement, par les noms de leurs abbayes, le catalogue des membres des Etats [3]. »

J'ai consulté cent procès-verbaux du xviie et du xviiie siècles donnant la liste des membres présents et j'ai trouvé une seule fois trois abbés présents, six fois deux et quarante-cinq fois un seul.

Quelles sont donc les causes de cette abstention systématique ? J'en vois quatre :

1° Le clergé était, de par ses exemptions et privilèges, comme étranger aux intérêts du Comté ; il ne participait ni aux dépenses ni aux taxes publiques « puisqu'il ne partageait pas les charges de la province [4]. »

2° Les abbés étaient, pour ainsi dire, perdus dans

---

[1] Arch. nat., H. 716. Tableau de la Comté (par d'Usson, lieut. gén. de la province).

[2] Id., Mémoire sur l'adm. du pays de Foix. 1784.

[3] Mém. pour le tiers-état, p. 6 et 7.

[4] Id., p. 5 et 9.

une très nombreuse assemblée et ils savaient que, même avec la plus rigoureuse exactitude, ils seraient toujours annihilés par la noblesse et le tiers.

3° Ils n'étaient pas payés pour assister aux séances. Par l'édit de 1633, « les députés du clergé et de la noblesse ne pouvaient prétendre aucunes vacations pour leur assistance aux Etats de qui que ce soit [1]. » En 1697, les Etats proposèrent de donner aux abbés 300 livres, s'ils tenaient table, et 10 livres par jour, s'ils ne recevaient pas [2]. En 1706, ils demandèrent que les abbés et les nobles fussent payés, « comme cela se produit dans tous les pays d'Etats du royaume [3]. » Le roi permit, en 1721, qu'une indemnité fût donnée aux membres de la noblesse, mais il refusa toute vacation aux abbés.

On leur donnait pourtant de 400 à 1.000 livres pour leur « première entrée » et 12 livres par jour quand ils faisaient partie d'une députation importante [4].

4° Enfin, les abbés étaient plus souvent à Paris que dans le Comté. Acoquat va jusqu'à dire qu'ils sont « toujours étrangers au pays et n'y résident jamais [5]. » Ce n'était guère que par hasard qu'ils assistaient aux séances, comme cet abbé de Foix, évêque de Couserans, qui, étant de passage à Foix, pendant la tenue des Etats, eut la fantaisie de siéger à son banc [6]. Le marquis d'Usson, dans son projet

---

[1] Arch. dép., pièces div., Edit du roi. 1633.
[2] Id., proc.-verb. 1697.
[3] Id., 1706.
[4] Id., 1639.
[5] L. c., p. 6.
[6] Arch. dép., proc.-verb. 1689.

de règlement, proposa, mais vainement, de permettre aux abbés de se faire représenter par procureurs-fondés [1].

3. *Rôle de l'évêque.* — Si l'influence des abbés est nulle, celle de l'évêque est prépondérante.

Le chroniqueur Lascazes disait déjà au xviie siècle : « L'évêque de Pamiers est chef et président de l'assemblée [2]. » Au xviiie siècle, il est le véritable administrateur du Comté. « Le seul pouvoir immédiat qui agisse sur le pays, dit un noble des Etats, est celui de l'évêque de Pamiers [3]. » Grâce à sa double qualité de président de l'assemblée et de chef spirituel du diocèse, il usurpa tous les pouvoirs.

Bien qu'aux xviie et xviiie siècles, il s'appelât « président-né », il ne semble pas que son droit à la présidence fût bien ancien.

Il est probable qu'il ne présida habituellement les Etats que parce qu'il était le premier inscrit sur le catalogue et parce qu'il était presque toujours présent.

Avant le xviie siècle, le Comte convoque et préside les Etats, ou bien il les convoque et les fait présider par un « commissaire » [4]. A la fin du xvie siècle et dans les premières années du xviie, le président est généralement « le sénéchal et gouverneur du pays. » De bonne heure, le président se contente sans doute

[1] Arch. nat., H. 716. Projet d'un nouv. règl.

[2] Ch. 36.

[3] Arch. nat., H. 716. Mém. de M. de Marseilhas sur l'adm. du pays de Foix. 1784.

[4] Cadier, p. 437. Etats de 1517.

d'ouvrir les États et le premier inscrit sur le catalogue « conduit l'action ». C'est l'évêque et, en son
absence, un des abbés ; si les abbés eux-mêmes sont
absents, c'est le premier baron, chef de la noblesse.
Le président et le « commissaire » sont d'abord la
même personne. En 1626, nous trouvons pour la
première fois, à côté du président, qui n'est plus le
représentant du roi, « un commissaire député par le
roi pour la tenue des États [1]. »

Ce commissaire du roi était le gouverneur ou, à
son défaut, le lieutenant gouverneur, ou même le
commandant du château de Foix. Il se contentait
d'ouvrir la séance et de recevoir les membres des
États avant et après chaque session, mais quelquefois le roi lui ordonnait d'assister à toutes les séances. Au milieu du XVIIe siècle, on savait encore que
le représentant du souverain avait le droit de présider. Un syndic, qui se plaignait qu'un commissaire
du roi était de petite extraction, trouvait « qu'il serait
injurieux à Sa Majesté et aux États que des évêques,
abbés, comtes, marquis, et autres personnes de qualité haranguassent une personne de cette condition,
reçussent ses ordres et *souffrissent sa présidence* [2]. »

En fait, pendant plus de deux siècles, l'évêque fut
véritablement « le président-né des États ». Il préside
presque toujours [3], sauf dans les premières années

[1] Arch. dép., pièces div., Quelques papiers qui regardent le
pays de Foix. (Extraits des proc.-verb. de 1584 à 1634).

[2] Arch. dép., pièces div., Députat. d'un syndic au roi. S. d.,
XVIIe siècle.

[3] Il recevait 500 liv. pour présider les États et 200 pour présider
la chambre des comptes.

du xviie siècle où son droit n'était pas encore nette-
ment établi. C'est de cette présidence qu'il tire tous
ses pouvoirs qui ne sont, en réalité, que des usurpations sur les droits de l'assemblée [1].

[1] Ces pouvoirs lui furent contestés, au xviie siècle, par l'abbé
de Boulbonne (Arch. dép., pièces div., Règl. à demander) et, au
xviiie siècle, par le marquis d'Usson. (Arch. nat., H. 716. Tableau
de la comté et Projet d'un nouv. règlement.)

Chapitre II

LA NOBLESSE

---

1. Les catalogues. 2. Usurpations de la noblesse. 3. Droits
de la noblesse. 4. Prédominance des nobles. 5. Leur
décadence.

1. Les catalogues. — « A l'origine, les plus illus-
tres familles du pays avaient entrée aux Etats[1]. »
Ce droit était attaché non à la personne, mais à la
terre noble[2]. Le plus ancien catalogue que nous
possédions, et qui provient du cartulaire d'Orthez[3],
donne 37 noms de seigneuries :

Baronnies :		
Rabat.		Arignac.
Saint-Paul.		Durfort.
Mauléon.		Durban.

Seigneuries :		
Montagut.		Fossat.
Miglos.		Junac.
Aliat.		Vernajoul.
Cazaneuve.		Canté.
Château–Verdun.		Justiniac.

[1] Arch. dép., pièces div., Projet de réforme, XVIIᵉ siècle.

[2] Id. proc.-verb. 1691. Cf. Arch. nat., Bᵃ 60. Requête au roi (de
la comm. interm. 1789) : « Quoique tout propriétaire de fief ne
jouisse pas de ce privilège, il n'est pas un seul fief de quelque
valeur auquel ce droit ne soit attaché. »

[3] Arch. dép., pièces div., Copie du cart. d'Orthez.

Seigneuries : Luzenac.

Sieuras.

Lissac.

Ornolac.

Brie.

L'Herm.

Foix-Vernajoul.

Vernet.

Labat.

Las Rives.

Unzent.

Bénac en Barguillère.

Montlaur et l'Herm.

Roudeille.

Boaran, co-s. de

Château-Verdun.

Garanou.

Castéra.

Vignes.

Peyrobour.

Marseilhas.

Gudanes.

Le nombre et l'ordre des seigneuries varient dans le courant du xviie siècle ; malheureusement les plus anciens procès-verbaux ne contiennent pas de catalogue et nous ne connaissons ces variations que par les plaintes auxquelles elles donnent lieu. Mais le procès-verbal de 1693 porte, en tête, le catalogue des abbayes, seigneuries, villes et villages ayant droit d'entrée aux Etats ; la liste des seigneuries est approximativement la même dans les catalogues que contiennent les procès-verbaux des années suivantes. Voici la liste des seigneuries d'après le procès-verbal de 1693.

Rabat.	Durban.	Canté [1].
Saint-Paul.	Ganac.	Aliat.
Arignac.	Bonnac.	Gudanes, co-s. de
Mauléon-Durban.	Cazaneuve.	Château-Verdun.
Durfort.	Miglos.	Sainte-Camèle [2].

[1] Dioc. de Rieux. L'entrée de la terre de Canté fut transférée par le roi à celle de Roquebrune et le nom de Roquebrune fut mis à la place de celui de Canté. Arch. dép., proc.-verb. 1786.

[2] En 1702, le catalogue, placé en tête des procès-verbaux, porte

Arnave.	Soulé.	Las Rives [1].
Luzenac.	Labat.	Bénac.
Junac.	Ascou.	Alens.
Vernet.	Orlu.	Massabrac.
Vernajoul.	Castéra.	Pradières.
Justiniac.	Garanou.	Baulias.
Unzent.	Foixct.	Orgeis.
Brie.	Bugnas.	Pesquié-de-Ca-
Lissac.	Montlaur.	zaux [2].
Ornolac.	L'Herm.	Cubières [3].
Rouzaud.	Larnat.	Daumazan.
Larivière.	Puichauriol.	Cadarcet.
Roudeille.	Sicuras.	Saint-Amans.
Méras.	Marseilhas.	Caraybat.
Loubaut.	Dalou, co-s. de Vil-	Roquebrune.
Saint-Machens.	leneuve-du-Bosc.	Lasserre [4].

le nom du Fossat après Sainte-Camèle ; quelque temps après il disparaît.

[1] A dater de 1757, le droit d'entrée de Las Rives est transféré à la terre de Lafitte et le nom de Las Rives remplacé par celui de Lafitte. (Droit cédé par le seigneur de Las Rives à Falentin de Sentenac, seigneur de Lafitte; cette translation est autorisée par lettre patente du roi. Arch. dép., proc.-verb. de 1757.)

[2] Ce nom fut supprimé par le roi, l'année suivante, comme ne figurant pas sur les catalogues antérieurs à 1612. La terre de Sainte-Foy appartenait à M. de Cazaux. Arch. dép., proc.-verb. 1694.

[3] A dater de 1695, nous lisons le nom de Sainte-Foy, après Cubières, sur le catalogue des procès-verbaux. D'après le c[te] de Rabat, il était fait mention de Sainte-Foy dans les procès-verbaux de 1610 et de 1612. C'est vers 1694 que la terre de Sainte-Foy fut achetée par le chapitre de Pamiers. Arch. dép., proc.-verb. 1691.

[4] En 1789, le nombre des seigneuries est réduit à 58 (les noms de Durfort, Durban, Sainte-Camèle et Roudeille ont disparu et ne sont pas remplacés). Le propriétaire d'un fief, porté parmi les der-

Le roi seul pouvait augmenter ou diminuer le nombre des entrées : « Le droit d'entrée, dit le comte de Rabat, est fondé sur le titre de la terre et non sur le mérite de la personne, le roi seul pouvant accorder cette grâce personnellement[1]. »

2. Usurpations de la noblesse. — Ce principe ne fut pas toujours observé ; pendant les troubles du xvie et de la première moitié du xviie siècles, la noblesse toute puissante profita des embarras des rois de Navarre et de France pour obtenir des entrées. Elle fit même inscrire, sur le catalogue du tiers, les noms des villages et des bourgs, qui étaient dans leur vasselage, pour avoir plus d'influence aux Etats.

Les modifications les plus considérables furent introduites en 1612, 1613 et 1614. On admit des entrées sans ordre du roi, on obtint du roi des lettres-patentes irrégulières, car elles n'avaient pas été sollicitées avec « la participation des syndics du pays[2]. » On reçut ainsi « des personnes possédant de simples

niers du catalogue, pouvait acheter un autre fief ayant un meilleur rang et faire supprimer l'entrée du moindre fief. Arch. dép., proc.-verb. 1714, 1746. Il n'était d'ailleurs pas obligé de demander cette suppression. Nous lisons dans « le tableau de la Comté » du m[s] d'Usson (1780): « Souvent un même gentilhomme réunit 2 ou 3 entrées et, n'ayant qu'une voix, met une inégalité de suffrages entre le haut et le bas banc. » Arch. nat., H. 716. Cf. Acoquat, l. c., p. 6.

[1] Arch. dép., proc.-verb. 1694. Cf. Id., Proc. des syndics g. à un avocat du conseil. 1640. De bonne heure on admit, sur les bancs de la noblesse, les roturiers possesseurs de biens nobles, « usage qui contredit manifestement les lois générales de la Constitution française. » Acoquat, l. c., p. 6.

[2] Arch. dép., pièces div., Proj. de réf. xviie siècle.

fiefs sans justice et dont plusieurs ont été reconnus roturiers[1]. » En 1614, le député du tiers aux Etats généraux fut chargé de protester contre « ces brigues et monopoles » et de demander la radiation de tous les noms portés, depuis trois ans, sur les catalogues. Le roi fit droit à cette requête[2].

Mais on n'obéit pas au roi. Les exclus restèrent pour la plupart aux Etats. L'assemblée de 1639 demanda de plus fort l'exécution de la volonté royale et décida qu'elle n'admettrait « que les personnes qui avaient entrée en 1612[3]. »

Ce n'est qu'en 1672 qu'un arrêt du conseil trancha définitivement la question et prit, comme règle, les catalogues antérieurs à 1612. Malheureusement « l'arrêt ne comprenait pas le détail de tous les fiefs nobles qui donnent l'entrée » et les anciens catalogues étaient perdus ou incomplets ; de sorte que bien des intrus, qui étaient restés malgré la volonté du roi et les décisions de l'assemblée, purent passer par le réseau

[1] Arch. dép., Projet de réf.

[2] Arch. dép., pièces div., Procurat. des syndics à un avocat du conseil. 1640. « Ladite province, reconnaissant combien cette nouvelle introduction lui était nuisible, chargea les députés, qu'elle envoya aux Etats généraux du royaume en 1614, de supplier le roi de vouloir ordonner que tous ceux qui, depuis trois ans, s'étaient introduits dans lesdits Etats en seraient supprimés, ce que Sa Majesté leur accorda avec défense auxdits Etats d'y admettre personne que par sa permission portée par lettres patentes, sauf à être fait droit à ceux qui prétendraient entrée auxdits Etats, après avoir ouï leurs raisons au conseil avec les syndics de la province ainsi qu'il résulte de l'extrait du cahier présenté au roi par les susdits députés et de la réponse faite à Paris le 7 juil. 1615. » Cf. Arch. dép., pièces div., Proj. de réf.

[3] Arch dép., pièces div., Procuration des syndics à un avoc. du conseil.

trop lâche de l'arrêt de 1672 [1]. D'après «le projet de réforme », il semble que c'est l'évêque qui obtint cet arrêt; après cet arrêt et l'exclusion des protestants, son pouvoir allait remplacer celui d'une noblesse en décadence.

3. *Droits de la noblesse.* — « La noblesse avait la liberté indéfinie de paraître ou de ne pas paraître aux Etats [2]. » Tandis que dans le Languedoc, le roi pouvait écarter les nobles qui lui étaient suspects, puisqu'il dépendait de lui de les convoquer ou de les laisser dans leurs terres [3], ici, la noblesse n'était pas convoquée individuellement par le roi, mais par le commissaire du roi qui adressait les lettres de convocation à tous ceux dont les seigneuries étaient inscrites sur le catalogue [4].

L'entrée aux Etats était donc la propriété du possesseur du fief.

Le fils en héritait du père, le fils puîné du frère mort sans enfants, etc. [5]

On pouvait vendre le fief et réserver le droit d'entrée que l'on faisait transférer sur une autre terre [6],

---

[1] Arch. dép., proc.-verb. 1691, 1742.

[2] Acoquat, l. c., p. 8.

[3] De Tocqueville, L'Anc. rég. et la Rév., p. 339. « En Languedoc, les Etats ne pouvaient s'assembler que sur un ordre exprès du roi et après une lettre de convocation adressée par lui individuellement chaque année à tous les membres qui devaient les composer. »

[4] Arch. dép., pièces div., Proj. de réf. Cf Arch. nat., H. 716. Proj. d'un nouveau régl.

[5] Arch. dép., proc.-verb. 1695, 1706, 1783, 1789.

[6] Id., 1714.

la mère pouvait le donner à son fils ou à son gendre [1], le père vieux à son fils [2], il pouvait n'en céder qu'une partie [3], une jeune fille pouvait le donner à son mari par contrat de mariage [4].

Enfin, on pouvait vendre le droit d'entrée ou une partie, mais l'acquéreur d'une portion d'entrée ne pouvait siéger qu'en l'absence du principal propriétaire. « Le droit d'entrée attaché à ces fiefs peut se subdiviser et le propriétaire en aliéner telle portion qu'il lui plaît, et alors, par un abus qui n'existe peut-être qu'ici, un homme quelconque, noble ou roturier, étranger à la province, sans propriété aucune et par la simple et peu coûteuse acquisition d'un 8e, d'un 16e, d'un 32e d'entrée, peut, en l'absence du propriétaire foncier, prendre séance dans l'ordre de la noblesse et y voter au rang du fief... [5] » On achetait surtout ces parts d'entrée aux nobles qui ne résidaient pas habituellement dans le Comté [6].

Il ne faut pas confondre ces entrées avec celles des co-seigneurs qui siégeaient alternativement ; quelquefois un seigneur siégeait deux ans de suite et son co-seigneur un an seulement, parce que sa part de fief était moindre [7].

Le possesseur d'une entrée ou part d'entrée, pouvait siéger, même s'il était mineur. « On voit des mi-

---

[1] Arch. dép., proc.-verb. 1785.

[2] Id., 1646. Cf. Arch. nat., H. 713-714, proc.-verb. de 1781, donat. entre vifs des droits honorifiques du fief de Baulias.

[3] Donation qu'un quart. Arch. dép., proc.-verb. 1785.

[4] Id., 1701, 1785.

[5] Acoquat, l. c., p. 6.

[6] Id., p. 33.

[7] Arch. dép., proc.-verb. 1715, 1717, 1718.

neurs, dit Acoquat, à qui la loi interdit la gestion de leurs biens, devenir administrateurs de la chose publique [1]. »

En tête de la noblesse étaient les cinq barons [2]. Le seigneur de Rabat, descendant de Loup et de Gaston, était premier baron des Etats et président de l'ordre de la noblesse [3]. Il baronnisait. Baronniser c'était présider la noblesse, si on délibérait par ordres. Recevoir la noblesse avant la tenue des Etats, offrir un dîner aux trois ordres, avoir des honneurs spéciaux dans les cérémonies publiques, c'était encore baronniser [4].

En l'absence du premier baron, un autre baron ou un simple gentilhomme, dans l'ordre du catalogue, baronnisait. « Des cinq baronnies, écrit le marquis d'Usson en 1780, il y en a trois dont les possesseurs ne peuvent pas entrer aux Etats, les deux autres s'en dispensent et c'est presque toujours un gentilhomme

---

[1] Acoquat, l. c., p. 33.

[2] Dans le Béarn, dit Cadier, les barons « en raison de leur dignité et comme juges de la cour majour, formaient, pour ainsi dire, un ordre à part. » p. 242. Cf. dom Morice, hist. de Bret , t. II, p. 6 et 27. « Les baronnies de Bretagne étaient des éclisses des anciens comtés et des partages de cadets. Les barons n'étaient point de simples seigneurs du pays, mais les premiers seigneurs du pays... Les puinés des comtes s'appelaient barons par diminution. Le titre de baron emportait une vraie prééminence sur les autres nobles aux délibérations, assises, etc., pour les affaires d'état. Ils siégeaient comme collatéraux des princes, à cause du lieu d'où ils étaient descendus... »

[3] De Lascazes, ch. 24. Arch. nat., H. 716. Etats du pays de Foix.

[4] Arch. dép., proc.-verb. 1779. Arch. nat., H. 716. Etats du pays de Foix. Le premier baron touchait la même indemnité que le président des Etats.

qui baronnise au rang de son fief [1]. » Quand les roturiers eurent envahi le haut-banc, on prit des mesures pour les empêcher de baronniser.

Les questions de préséance avaient une importance
réelle. Pendant plus d'un siècle, le représentant du
fief de Ganac a protesté, quand on lisait le catalogue, parce que la terre de Mauléon-Durban était
nommée avant celle de Ganac [2].

Les contestations pour les entrées et les préséances
étaient soumises, après enquêtes des syndics et con-
sultations d'avocats, aux Etats qui tranchaient les
différends, mais la partie qui se croyait lésée pouvait
faire appel à une cour de justice ou au conseil du roi.

Dans le Comté de Foix, les ordres ne délibéraient
pas séparément sur les intérêts généraux du pays ;
ce n'était que par exception, quand il s'agissait des
intérêts spéciaux de leurs ordres, que la noblesse et
le tiers formaient des chambres séparées. De même
les commissions se composaient de nobles et de membres du tiers, cependant la commission chargée d'examiner les titres des possesseurs de fiefs et la commission qui fixait la capitation de la noblesse étaient
exclusivement nobles ; un gentilhomme présidait toujours la chambre de cotise [3] et, au xviiiᵉ siècle, les
nobles furent chargés de la surveillance des chemins
vicinaux établis sur leurs terres.

[1] Arch. nat., H. 716. Tableau de la Comté.

[2] Proc.-verb. à dater de 1688. Lorsqu'un membre du haut-banc
siège pour la première fois, il doit prêter serment et faire preuve
« de ses droits reconnus sur les terres dont il porte le nom. » Arch.
dép., proc.-verb. 1639 et 1649.

[3] Arch. nat., K. 1162. Mém. sur le pays de Foix.

4. Prédominance des nobles. — Les nobles pré-
dominèrent aux Etats de 1612 à 1672. De 1612 à 1615,
certains gentilshommes firent admettre, sans permission du roi, les représentants des bourgs et villages qui étaient dans leur vasselage. Un seul seigneur
avait jusqu'à onze de ses vassaux, ayant voix délibérative, sur le banc du tiers [1]. C'était absolument
contraire aux règlements. L'auteur du « projet de
réforme » raye impitoyablement du nouveau catalogue les noms des bourgs et des villages vassaux
« pour suivre et se conformer à l'entier tableau ou
catalogue de 1520 tiré de la chambre du trésor de
Pau, qui doit servir de loi pour régler la question
présente, dans lequel les vassaux des seigneurs ne
sont pas compris, que seulement les lieux qui relèvent de la justice et directe du roi, les anciens Comtes
de Foix, auxquels nos rois ont succédé, qui ont fait
l'établissement des Etats et le choix des personnes
qui les doivent remplir, ayant témoigné par cette conduite qu'ils n'entendaient donner l'entrée qu'à leurs
vassaux seulement et non pas à ceux des seigneurs [2].»
Les nobles firent durement sentir leur tyrannie. « La
province, disent les syndics de 1640, ne peut plus
supporter les maux dont elle souffre... Il faut demander que les vassaux ne puissent plus opiner aux causes
auxquelles leurs seigneurs sont intéressés... (Ces)
vassaux suivent aveuglément leurs sentiments [3]. »
Nous trouvons les mêmes plaintes beaucoup plus

[1] Arch. dép., pièces div., Proj. de réf.
[2] Id.
[3] Arch. dép., pièces div., Proc. d'un synd. gén. à un avocat du
conseil.

2

tard. L'auteur du « projet de réforme » se plaint des
« maux que le pays souffre de ce que, par le crédit
que certains gentilshommes ont acquis aux Etats, à
la faveur de leurs vassaux, qu'ils y ont fait introduire
sans ordre du roi et contre l'établissement fait par
les Comtes de Foix, ces gentilshommes réussissent
dans le dessein qu'ils y forment, soit pour leurs intérêts particuliers, soit pour ceux de leurs amis, lesquels ne sont pas toujours les plus justes, soit encore
pour remplir de leurs créatures les charges des Etats,
en sorte qu'ils en sont les maîtres. » « Ces vassaux [1],
ajoute-t-il, suivent aveuglément et lâchement l'avis
de leurs seigneurs. » L'auteur du projet avoue qu'il
n'a d'autre but que « d'affaiblir la puissance des seigneurs et d'empêcher les abus qu'elle a produits [2]. »

5. *Décadence des nobles.* — Cette toute puissance
ne survit pas à la réforme de 1672. Des fiefs, qui ne
donnaient pas à leurs possesseurs le droit d'entrée
aux Etats, furent rayés du catalogue de la noblesse,
les noms de quelques villages et bourgs, situés sur les
terres vassales des seigneurs, furent rayés du catalogue
du tiers; enfin, depuis quelque temps, on n'admettait
plus les seigneurs appartenant à la religion réformée.

Pendant les trois premiers quarts du xviie siècle,
beaucoup de nobles ne se dérangeaient pas pour venir
siéger aux Etats parce qu'ils étaient assurés d'avoir

---

[1] Il résulte d'un examen minutieux du « projet de réforme »
qu'il ne s'agit que de vassaux siégeant sur les bancs du tiers,
c'est-à-dire de consuls des bourgs ou villages situés dans le vasselage des seigneurs.

[2] Arch. dép., pièces div., Proj. de réf.

toujours la majorité. Quelques-uns, et des plus dignes,
s'abstenaient, dit-on, par dégoût. L'auteur du « projet
de réforme » constate que « beaucoup de personnes
de qualité, éclairées et attachées au service du roi et
et du pays ne se trouvent pas aux États, dont elles
se sont rebutées, voyant que leurs bonnes intentions
étaient inutiles et sans succès aux meilleures et plus
importantes affaires [1]. » La corruption des nobles
augmente avec leur décadence. Ils ne négligeront
jamais leurs intérêts privés. « On a vu souvent la
même famille, dit Darmaing, donner jusqu'à six voix
aux États, c'est-à-dire le père et ses deux enfants,
son frère, son oncle et un neveu ; tous ces suffrages
sont comptés [2], » même quand l'intérêt de la famille
est en jeu. L'auteur du « projet de réforme » avait
vainement demandé « que ceux qui sont des États, et
des intérêts desquels il sera question, ne soient point
présents aux délibérations, ains soient tenus de se
retirer [3]. » En 1789, un noble était pensionné par les
États avec l'argent de la taille payée par les seuls
roturiers ! [4]

Dans la seconde moitié du xviie siècle, les plus

[1] Arch. dép., pièces div., Proj. de réf. L'excès de la tyrannie épiscopale produira, au siècle suivant, le même effet.

[2] Arch. nat., H. 715. Mém. de Darmaing. Marseilhas dit en
1784 : « Le premier baron, qui est l'époux de la nièce du président, n'a aucune terre donnant rang de baron ; cette grâce
d'être à la tête des États peut lui être révoquée à la demande
du président. Il a en outre aux États un frère, un neveu, deux de
ses fils, faisant à eux seuls le quart des opinants de son ordre. »
Arch. nat., H. 716. Mém. de M. de Marseilhas.

[3] Arch. dép., pièces div., Proj. de réf.

[4] Acoquat, l. c., p. 40.

riches et les plus puissants des nobles quittaient le pays ; ceux qui restaient étaient le plus souvent besogneux. En 1717, « on cherche les moyens de soulager Messieurs de la noblesse au sujet des taxes de la capitation dont ils sont surchargés, » et pourtant la capitation noble n'était pas bien élevée [1] et elle était payée aussi par les possesseurs de fiefs roturiers [2]. La noblesse demanda la sécularisation des chapitres de Foix et de Pamiers parce qu'elle ne savait quelle situation donner à ses fils, toutes les cures étant à portion congrue. A la veille de la Révolution, plusieurs nobles « ne payaient pas un écu de vingtième au roi, » à cause de la futilité de leurs fiefs [3].

Cette noblesse, déjà fort appauvrie à la fin du xviie siècle, ne recevait pas d'indemnité pour son assistance aux Etats. L'édit de 1633 portait que « les députés du clergé et de la noblesse ne pourraient prétendre aucunes vacations [4]. » Certainement plus d'un membre du haut-banc ne pouvait supporter les frais d'un voyage au chef-lieu et les frais de séjour ; cela explique la désertion de plus en plus grande du haut-banc [5]. Les assemblées de 1697 et de 1706 avaient demandé

[1] 4.918 liv. en 1789. Acoquat, l. c., p. 15.
[2] Acoquat, l. c., p. 15.
[3] Acoquat, l. c., p. 33.
[4] Arch. dép., pièces div., Edit du roi.
[5] « L'assemblée est de plus en plus déserte parce que les abbés, les barons et le reste de la noblesse ne sont pas payés. » Arch. dép., proc.-verb. 1706. Cf. id., 1697, 1725. « Le haut-banc n'est pas payé, ce qui fait que les consuls, qui le sont, sont les maîtres des Etats et qu'il n'en manque point et que le défaut de payement fait que la plus grande partie de la noblesse ne vient pas aux Etats. » Arch. nat., K. 1162. Mém. sur le pays de Foix. 1739.

que les nobles fussent payés, comme dans le Languedoc, le Bigorre, le Béarn, le Nébouzan, etc.[1] Ce
ne fut que l'arrêt du conseil de 1721 qui permit aux
Etats d'imposer annuellement 1.000 livres « pour être
distribuées par le trésorier à Messieurs de la noblesse
qui auront assisté aux Etats [2]. » Malgré cette petite
indemnité, le nombre des présents ne fut jamais bien
considérable. Pendant tout le xviiie siècle, pour 58 ou
60 sièges, il n'y eut jamais plus de 22 ou 24 présents,
30 au maximum. Aussi le marquis d'Usson, qui
comptait sur la noblesse pour contrebalancer l'influence de l'évêque, proposa-t-il d'admettre aux Etats,
comme dans le Languedoc, des procureurs-fondés,
qui seraient des nobles ou des avocats ; un article
de son projet de règlement édictait des peines sévères
contre ceux qui n'assisteraient pas aux Etats ou ne
s'y feraient pas représenter. A la fin de l'ancien régime, à peine un tiers de l'ordre de la noblesse
assistait aux séances et c'étaient les courtisans de
l'évêque qui quémandaient des emplois pour leurs
fils et pour eux l'entrée dans une commission [3].

Enfin, cet ordre subit une suprême déchéance. Il
vit le haut-banc envahi par les roturiers qui avaient
acheté des fiefs à cette noblesse ruinée. « Il est à sup-

---

[1] Arch. dép., proc.-verb. 1697, 1706.

[2] Id., 1725.

[3] Voici, d'après les proc.-verb., le nombre de membres siégeant
au haut-banc de 1700 à 1720 : 17, 18, 15, 23, 9, 18, 10, 10, 13, 13,
24, 26, 16, 17, 26, 22, 23, 12, 16, 14, 18. Ce chiffre est un peu plus
élevé après l'arrêt du conseil de 1721, il est généralement de 23 à
30 ; cependant, en 1739, il n'y eut que 3 présents. Cf. Arch. nat.,
K. 1162. Mém. sur le pays de Foix. 1739, H. 716. Mém. de Marseilhas. 1784, et H. 715. Mém. de Darmaing. 1786.

poser, écrit l'intendant de Perpignan en 1745, que
dans l'origine les fiefs qui ont entrée aux Etats
n'étaient possédés que par des gentilshommes et que
c'est par négligence ou par les besoins de la noblesse
que les roturiers s'y sont abusivement introduits. »
Mais ils étaient dans la place et on ne pouvait les
priver d'un droit attaché à leurs fiefs [1].

La noblesse voulut cependant sauver les baronnies.
L'assemblée des Etats de 1647 décida « que nul ne
pourrait être admis au rang de baron qu'il ne fût
gentilhomme d'extraction. » L'arrêt du conseil de
1693 reproduisait cette décision [2]. En 1745, ce règlement semblait oublié et « les principaux fiefs étaient
à la veille de passer à des roturiers [3]. » Le 1er août
1745, à la suite d'une délibération des Etats [4], le roi
ordonne « que tous les possesseurs de fiefs, quoique
roturiers, qui occupent actuellement dans les assemblées le rang de leur fief marqué dans le catalogue,
n'y auront, à l'avenir, rang et séance qu'après les
nobles possesseurs de fiefs, que les roturiers qui, dans
la suite, acquerront des fiefs donnant entrée aux Etats
ou à qui ils écherront par succession ou autrement,
y seront pareillement reçus, à la charge de ne pouvoir y précéder un gentilhomme dont le fief n'aurait
rang qu'après celui du roturier. Veut Sa Majesté

[1] Arch. dép., S. C, pièces div., Lettre de l'intend. de Perpignan.
1745.
[2] Arch. dép., proc.-verb. 1648, 1714.
[3] Arch. dép., S. C, pièces div., Lettre de l'intend. de Perpignan.
1745.
[4] Les Etats se réunissent du 8 au 10 fév. Arch. dép., proc.-verb.
1745. « ... Il serait douloureux à la noblesse de voir à sa tête des
présidents ou des barons qui ne fussent pas gentilshommes... »

qu'au cas d'absence des ecclésiastiques et des cinq
barons, les possesseurs de fiefs, à qui appartiennent,
par révolu, les places de président et de premier
baron, ne puissent occuper ces places, s'ils n'ont fait,
six mois auparavant, preuve qu'ils sont gentilshommes d'extraction [1]. »

Deux commissaires de la noblesse étaient chargés
de vérifier les titres des possesseurs de fiefs sollici-
tant l'entrée aux Etats. Le syndic Darmaing demandait qu'ils fussent remplacés par un généalogiste,
parce qu'on pouvait trop facilement les tromper [2].

---

[1] Arch. dép., pièces div., Arrêt du conseil, imprimé. Cf. Arch.
dép., proc.-verb. 1745, 1746, 1748 et 1779.

[2] Arch. nat., H. 715. Mém. de Darmaing. V. arch. dép., proc.-
verb. de 1789, appendice : généalogie de M. Dufaur de Saubiac
qui demande l'entrée du Fossat. Il remonte à Jean Ier qui a pris la
qualité de noble en 1529, tous ses ascendants, pendant sept géné-
rations, ont été reconnus mariés avec des femmes issues de
familles nobles de la province.

Chapitre III

LE TIERS-ÉTAT

1. Les catalogues. 2. Les Etats et les communautés. 3. Libertés communales. 4. Les députés du tiers. 5. Les villes hanséatiques.

1. Les catalogues. — L'auteur du « projet de réforme » prétend qu'à l'origine, le catalogue ne comprenait que les noms « des lieux qui relèvent de la justice et directe du roi. » C'est le cas de toutes les communautés portées sur le catalogue du cartulaire d'Orthez ; elles sont au nombre de 28 :

Foix.	La Bastide-de-Sérou.	Camarade.
Pamiers.	Varilhes.	Aston per la terre
Mas–d'Azil.	Ax.	de Donezan.
Lézat.	Tarascon.	Castex.
Saint-Ybars.	Mazères.	Montgailhard.
Carla.	Saverdun.	Lordadois.
Daumazan.	Vicdessos.	Montaut.
Les Bordes.	Aillères.	Mérens.
La Bastide-	Saurat.	Fossat.
de-Besplas.	Prades.	Campagne [1].

Ce catalogue, comme celui de la noblesse, s'accrut surtout de 1612 à 1615. On sait que c'est à cette époque que certains gentilshommes introduisirent

[1] Arch. dép., pièces div., Copie du cartul. d'Orthez.

leurs vassaux aux Etats « sans ordre du roi et contre l'établissement fait par les Comtes de Foix[1]. » Les Etats, le député du tiers aux Etats généraux, les syndics de 1640, et l'auteur du « projet de réforme » protestèrent contre leur intrusion. L'auteur du « projet de réforme » demandait la radiation des noms des lieux dépendant des seigneuries :

« 1° Pour affaiblir la puissance des seigneurs et empêcher les abus qu'elle a produits ;

« 2° Parce que ces lieux ne contribuent pas aux charges du pays ;

« 3° Parce que leur assistance n'est ni utile ni nécessaire pour eux aux Etats, puisque leurs seigneurs y assistent pour soutenir l'intérêt de leurs vassaux en cas de besoin ;

« 4° Pour observer la justice et l'égalité au regard de beaucoup d'autres lieux qui dépendent de certains gentilshommes, même de barons des Etats, lesquels, quoique plus contribuables, que ceux qu'on devrait retrancher, n'assistent point aux Etats ;

« 5° Pour se conformer au tableau de 1520[2]. »

L'arrêt du conseil de 1672 donna satisfaction aux plaignants. On devait rayer du catalogue les noms indûment introduits depuis 1612. Mais, pour dresser le catalogue du tiers, on rencontra les mêmes difficultés que pour dresser celui de la noblesse ; des intérêts particuliers se trouvèrent lésés par la réforme et les Etats eux-mêmes demandèrent au conseil de

---

[1] Arch. dép., pièces div., Proj. de réf. Nous avons dit au chap. précéd. que ces vassaux étaient les consuls des villages et bourgs situés dans le vasselage des seigneurs.

[2] Catalogue du cartulaire d'Orthez.

rétablir l'entrée « des communautés de Loubens,
Larnat, Bédeilhac, Aynat, Gourbit, Montfa, Thouars,
Loubaut et Canté [1]. » Cette demande ne fut pas prise
en considération. De 1693 à 1789, le chiffre invaria-
ble des entrées est de 20 pour les villes et de 25 pour
les bourgs et les villages [2] :

Villes

Foix.	Le Carla-du-Comte	Les Bordes.
Mazères.	Le Mas-d'Azil.	Camarade.
Tarascon.	Saint-Ybars.	Campagne.
Saverdun.	*Lézat.*	La Bastide-
Pamiers.	Montaut.	de-Besplas.
Ax.	Sabarat.	Castex.
La Bastide-de-Sérou.	Daumazan.	Varilhes.

Bourgs et villages

Montgailhard.	Aillères.	Durban.
Méras.	Clermont.	Cert.
Escosse.	Verniolle.	Esplas.
Château-Verdun.	Castelnau.	Montagaigne
Le Fossat.	Vicdessos.	Saint-Quirc.
Montaillou.	Saurat.	Syndic de Ra-
Syndic du Lordadois.	Quié.	bat.
Mérens.	Siguer.	Consul de
Donezan.	Prades.	Fornex [3].

[1] Arch. dép., proc.-verb. 1685, 1691.

[2] L'ordre des villes et des villages n'est pas conforme à celui du
catalogue de 1520. La plupart des procès-verbaux de 1693 à 1789
contiennent le catalogue des trois ordres; il y a toujours les noms
des 20 villes et des 25 villages.

[3] C'est par erreur que Marseilhas (Arch. nat. H. 716. Mémoire
de M. de Marseilhas) parle des « 44 » députés du tiers et Acoquat
(l. c.) des « 43 ».

Malgré la réforme, il resta encore un certain nombre de vassaux des seigneurs. Acoquat remarque que souvent les députés des villages dependent « des personnes qui ont séance dans l'ordre de la noblesse et qu'ils sont tenus à leur égard à des ménagements qui peuvent seuls déterminer leurs suffrages [1]. » D'Usson affirme que les membres de la noblesse « voient au nombre des députés du tiers plusieurs de leurs vassaux » et il proposa de les faire délibérer à part pour « qu'ils ne soient pas sous les yeux de leur évêque et de leurs seigneurs [2]. »

2. Les Etats et les communautés. — Il est probable qu'à l'origine, les représentants des villes et des bourgs étaient élus par le conseil de ville, sinon par la communauté. La preuve me paraît en résulter de l'obligation pour les députés de présenter, à l'ouverture des Etats, « leur procuration en bonne et dûe forme [3]. » S'ils n'ont pas cette procuration ou si elle n'est pas en règle, ils sont rejetés [4]. A l'ouverture des Etats, les députés du tiers déposent toujours

---

[1] Acoquat, l. c., p. 13.

[2] Arch. nat., H. 716. Proj. d'un nouv. règl.

[3] A l'assemblée des Etats de 1655 l'évêque dit qu'il a appris « que aucunes des communautés de la R. P. R. du pays font des assemblées et délibèrent sans y appeler les catholiques qui sont dans leurs villes et qui avaient accoutumé d'y être appelés, suivant les édits, ordres et règlements du roi, c'est pourquoi il est d'avis que par ci-après aucun des députés tant des villes que autres lieux du pays ne pourront ci-après être reçus aux Etats du pays sans procuration de leur communauté en bonne et dûe forme et suivant les édits et règlements de Sa Majesté. » Arch. dép., proc.-verb. 1655.

[4] Id., 1681.

leur procuration, mais Acoquat nous dit que « cette délégation n'est qu'une affaire de forme » et qu'elle est donnée, non par l'assemblée des habitants, mais par le conseil politique qui est d'ailleurs « obligé de déléguer des officiers municipaux [1]. » En 1666, les communautés de Mazères, du Carla, du Mas-d'Azil et de Sabarat avaient envoyé chacune un député catholique et un député protestant ; « les procurations sont rejetées et il est arrêté que l'un et l'autre des députés s'abstiendront jusqu'à ce qu'on en ait de nouvelles en faveur des catholiques seulement [2]. » L'année suivante, « les procurations des communautés étaient en bonne forme, sauf celles de Mazères, du Mas-d'Azil, des Bordes, du Carla, de Sabarat et de Camarade, dans les procurations ou délibérations desquels lieux se sont trouvées des personnes de la R. P. R. avec les députations catholiques, au préjudice des délibérations précédentes des Etats et de la volonté du roi. Par commune opinion, lesdites procurations ont été rejetées, l'un et l'autre des députés s'abstiendront jusqu'à ce qu'il y ait des nouvelles procurations en faveur des catholiques seulement... [3] »

Aux XVIIe et XVIIIe siècles, les « députés-nés » des communautés sont les maires ou premiers consuls [4],

[1] Acoquat, l. c., p. 11. Cf. Arch. nat., H. 713-714. Rapport et observ. sur les délib. des Etats de 1782. « Il serait juste de donner aux communautés le droit de présentation des officiers municipaux, droit dont elles jouissent en Languedoc, au moins pourraient-elles choisir trois sujets et le commissaire du roi choisirait. »

[2] Arch. dép., proc.-verb. 1666.

[3] Id., 1667.

[4] « Il est dit dans le règlement des Etats de la province de Foix

ou, à défaut, les autres consuls ou les syndics. « Il est d'un usage, qui fait en quelque sorte loi, dit Acoquat, que chacun de ces membres est un des officiers municipaux et d'ordinaire le premier officier municipal du lieu pour lequel il vote [1]. » Voici d'ailleurs le règlement de 1681 : « A l'avenir, le premier consul de chaque lieu, ou celui de ses collègues à son absence et à tour de rôle, ou les syndics des communautés, en leur défaut, seront censés députés aux Etats et, en cas qu'il y eût des lieux où il n'y aurait qu'un seul consul et pas de syndics ou que, contre les uns et les autres, la communauté aurait des raisons pour ne pas leur commettre cette députation, en ce cas, les communautés pourraient députer telle autre personne qu'elles jugeront capable [2]. » Cette dernière clause ne paraît guère avoir été appliquée, au moins au XVIIIᵉ siècle. C'est ainsi qu'en 1702, un député de Mazères est rejeté parce qu'il n'est pas consul et que « conformément à l'usage du Languedoc, les consuls sont députés des communautés, à la charge d'apporter leur procuration en forme [3]. »

Les communautés déléguaient plusieurs députés aux Etats. Pour éviter la confusion, un règlement de 1659 ordonna « qu'elles ne pourraient députer que deux personnes au plus [4]. » La ville de Foix, en rai-

---

que le premier officier municipal sera le député-né de la communauté aux Etats. » Arch. nat., H. 722.2. Rachats et nom. aux off. mun. 1785.

[1] Acoquat, l. c., p. 7.
[2] Arch. dép., proc.-verb. 1681.
[3] Id., 1702.
[4] Id., 1659.

son de l'étendue de son consulat qui comprenait plus
de 30 villages, eut toujours quatre députés. Mais,
dans tous les cas, un seul député votait[1]. C'est dans
ce sens qu'il faut entendre cette délibération de 1681 :
« Les Etats défendent aux communautés d'envoyer
plus d'un député, » c'est-à-dire plus d'un député
chargé de voter pour elles. D'Usson dit : « Il se trouve
souvent deux représentants pour une communauté,
l'usage est de donner la préférence au premier officier municipal[2]. » Il pouvait y avoir jusqu'à 120 représentants du tiers[3], mais il ne pouvait y avoir plus
de 45 suffrages exprimés.

Il était d'usage que le premier consul consultât son
ou ses collègues avant d'émettre son avis. Pourtant,
en 1782, le maire de Foix, Lateulade, se sépara de
ses trois collègues et, malgré une délibération unanime du conseil politique, vota, pour plaire à l'évêque, le doublement de l'impôt odieux de « la subvention », et fit exclure ses trois collègues des
Etats. Ils ne furent rétablis qu'après un long procès. Le commissaire du roi lui-même désapprouva
sa conduite : « Il me semble, dit-il, que, tous les officiers municipaux assistant aux séances, le maire doit
se concerter avec tous ses collègues avant de donner son avis[4]. »

Le corps consulaire étant renouvelé tous les ans,
les représentants du tiers aux Etats l'étaient pareil-

---

[1] Acoquat, l. c., p. 37.
[2] Arch. nat., H. 716. Proj. d'un nouv. règl.
[3] Id., Et. du pays de Foix.
[4] Foix, dél. mun. 1782. Acoquat, l. c., p. 33. Arch. nat. H., 713-
714. Rap. et observ. sur les Etats de 1782.

lement. Il en résultait, pour ceux qui faisaient partie de certaines commissions, des inconvénients auxquels l'assemblée essaya de remédier, en 1683, par la mesure suivante : « A l'avenir, les consuls des années, qui ont précédé les assemblées des Etats et des comptes, autrement dit les proconsuls des quatre villes maîtresses [1], qui ont droit d'entrée aux comptes, seront reçus en iceux, à l'exclusion des consuls en charge (consuls modernes), comme mieux instruits des affaires par l'expérience qu'ils ont eue l'année de leur consulat [2]. »

3. Libertés communales. — Les députés du tiers aux Etats étaient ce qu'était le corps de ville, ou mieux le corps consulaire. Nous devons donc donner un aperçu sommaire de l'organisation municipale du Comté aux xviie et xviiie siècles.

Vers 1674, dans une supplique au roi, les Etats disaient : « Le pays de Foix a toujours joui de l'avantage d'élire en liberté ses officiers municipaux, il serait bien malheureux s'il en était privé et si le gouverneur avait seul l'avantage de faire des consuls et des conseillers politiques dans toutes les communautés du pays, il se rendrait par ce moyen maître de toutes choses, parce que ces consuls composent la plus grande partie des députés des Etats. » Le roi répondit : « Les villes demeureront en toute liberté d'élire leurs consuls, magistrats et conseillers politiques, suivant les règlements et statuts de chaque communauté, pourvu qu'il n'y ait aucune brigue ni

[1] Foix, Mazères, Tarascon et Saverdun.
[2] Arch. dép., proc.-verb. 1683.

monopole et que ceux qui seront nommés soient de la qualité requise, fidèles et affectionnés au roi, à quoi le gouverneur tiendra la main, sans se mêler d'autre chose [1]. »

Ces craintes des Etats n'étaient pas chimériques et le jour arriva où les besoins du trésor déterminèrent le roi à supprimer les libertés communales.

En 1733, le roi créa des « offices municipaux » dans le Comté [2] ; en 1751, la province les acquit au prix de 85.250 livres, payables en neuf années ; les échéances furent d'abord reculées, puis changées en un droit annuel, droit qui fut augmenté, en 1762, pour qu'il pût s'éteindre [3]. Au bout de quelques années, la province, sans avoir recouvré ses franchises municipales, avait payé un chiffre plus élevé que celui qui avait été primitivement fixé; bien plus, le roi, ne tenant aucun compte des sommes versées, créait de nouveau, par l'édit de novembre 1771, des offices municipaux dans le Comté [4]. Six mois après la publication de l'édit, il nommait lui-même aux offices qui n'avaient pas été acquis en finance [5]. Peu de particuliers achetèrent

---

[1] Arch. nat., H. 715. Arrêt du 17 août 1674. Dans le comté de Foix, les nobles pouvaient être élus officiers municipaux. Acoquat, l. c., p. 10.

[2] Arch. dép., S. C, aff. mun. Lettre d'un subdélégué, 5 déc. 1776.

[3] Arch. nat., H. 715. Extr. du verb. des Etats de 1772.

[4] Arch. nat., H. 713-714. Mém. au duc de La Vrillère. 10 mai 1772.

[5] Arch. dép., S. C, aff. mun. Lettre de La Vrillère à l'intendant. 20 juil. 1772. « Par l'art. 6 de l'édit de nov. dernier le roi a fait connaître que, six mois après la publication de cette loi, son intention était de faire remplir les offices municipaux, qui n'auraient pas été acquis en finance, en nommant auxdits offices des sujets qui les exerceraient en vertu de ses commissions. »

des offices ¹. La plupart des communautés auraient
bien voulu se racheter², mais leurs ressources étaient

¹ Arch. dép., S. C, aff. mun. Etat des sujets nommés par le
roi, l'année 1773, aux places municipales des villes du départ.
Subdélégation de Foix : sur dix-sept villes, Vicdessos seulement
a un office de maire «financé». Ses quatre échevins sont nommés
par le roi; les maires et échevins des seize autres villes sont nommés par le roi. Dans la subdélégation de Pamiers, je ne trouve
que Verniolle ayant un office de maire « financé ». Id., extr. d'une
délibér. de Verniolle. 1782. Ce qui explique que si peu de personnes aient acheté des offices de maires et d'échevins, c'est qu'à
cette époque, les officiers municipaux n'étaient pas payés. En
1767, les Etats demandent au contrôleur général le rétablissement
des émoluments des officiers municipaux, « les communautés,
disaient-ils, leur payaient autrefois des émoluments, cela se fait
encore dans le Languedoc. » Arch. dép., proc.-verb. 1767. Ver-
gnies avait acheté l'office de maire de Vicdessos bien avant l'édit
de 1771, il abusa de son droit de police sur les mines, les habitants se plaignirent aux Etats ; la communauté voulut rembour-
ser son office, il arrêta l'imposition. On le força à donner sa démission, mais il acheta de nouveau l'office. Id., 1751, 1771. « Les
édits de 1764 et de 1765, en distinguant les villes où il y avait un
certain nombre d'habitants, d'avec celles où le nombre était plus
petit, avaient ordonné que, dans les premières, les corps municipaux seraient composés d'un maire et de quatre échevins, dans les
secondes, d'échevins seulement. » Arch. dép., S. C, aff. mun. Lettre
de Darmaing à l'intend. 1772. L'édit de nov. 1771 « abolit la forme
introduite par les édits de 1764 et de 1765, » l'intendant ordonna
que « celle qui subsistait avant ces deux dites lois reprit son acti-
vité. » « En conséquence, ajoutait-il, les mêmes conseillers (conseillers de ville ou conseillers politiques), qui étaient alors en places, doivent être rétablis... Mais cette disposition ne doit pas
s'étendre jusqu'aux maires, échevins, consuls, etc., qu'on appelle
officiers municipaux, l'intention de Sa Majesté étant que ceux qui
se trouvent en place y demeureront jusqu'à ce qu'elle ait jugé à
propos d'y pourvoir, ce qui doit s'entendre des villes et principaux
lieux, car les petits villages ne sont pas dans ce cas et ils peuvent
nommer leurs consuls, comme auparavant. » Id., Lettre de l'intend·
de Perpignan aux deux subdél. 1793.

² Id., lettre d'un subdélégué, 15 déc. 1776.

                                                          3

sans doute insuffisantes. Ce fut vainement aussi que les Etats demandèrent que l'édit de 1771 ne s'appliquât pas au Comté [1]; le roi, mécontent de la situation financière de la province, répondit par un refus à peine déguisé [2]. Malgré « le regret des communautés de voir à la tête de leur administration des sujets qu'elles n'avaient pas choisis [3] », elles ne furent jamais rétablies dans leurs droits [4].

Le choix des consuls fut laissé aux subdélégués qui dressaient des listes et les envoyaient au roi par l'intermédiaire de l'intendant. Le roi expédiait ensuite des commissions [5]. Pour conserver son omnipotence sur les Etats et la province, l'évêque corrompit les subdélégués [6] et dressa, pour ainsi dire, les listes lui-

---

[1] Arch. dép., aff. m., m. lettre. — Ibid., lettre de l'év. de Pamiers, 3 mai 1778.

[2] Arch. nat., H. 716. Notices sur l'intend. de Roussillon et le Comté de Foix. « Les communautés ont des officiers municipaux, mais qui sont à la nomination du roi sans finance, quoique le rachat en ait été fait deux fois ; la province a demandé que cette nomination fût accordée à chaque communauté, mais on a sursis à faire droit à cette demande après le règlement général des affaires de la province. »

[3] Arch. dép., S. C, aff. mun., lettre d'un subd., 15 déc. 1776.

[4] En 1788, les Etats, malgré leurs réclamations, payaient encore 13.500 liv. « d'octrois municipaux. » Cette imposition n'était « que la suite de celle qui, dans son principe, avait été faite uniquement pour le rachat des offices. » Arch. dép., proc.-verb. 1788. Cf. id., 1785 et 1786.

[5] Arch. dép., S. C, aff. mun. Lettres des subdélégués, évêques, intend., etc., de 1772 à la Révolution. Quelquefois les communautés proposaient des officiers municipaux aux subdélégués, mais ils ne se croyaient pas obligés de tenir compte de ces présentations. Ibid., lettre de Boyer, subd. (1783) et extr. d'une délib. du conseil pol. de Mérens. 17 déc. 1786 (1re ass).

[6] Arch. nat., H. 716. Mém. de M. de Marseilhas. 1784. L'évêque

même. Nous lisons dans une note de 1785 : « Ce sont
les subdélégués qui choisissent, or, ils sont poussés
par le président et proposent de préférence les sujets
que ce dernier croit propres à seconder ses vues [1]. »
La situation était d'autant plus intolérable pour le
Comté de Foix qu'il avait devant lui le spectacle d'un
grand pays, le Languedoc, jouissant de franchises
municipales et provinciales [2].

4. *Les députés du tiers.* — On peut se demander
maintenant quelle était la valeur de ces députés du
tiers, officiers municipaux librement élus, ou officiers
royaux.

Sauf les députés des villes maîtresses, qui font
généralement les propositions relatives au tiers, et
quelques députés des villes, ils sont d'une insuffi-
sance notoire tant au xviie qu'au xviiie siècle. Ils ne
parlent ni ne comprennent le français, ils sont inca-
pables de suivre une affaire. Ils ne viennent guère
que pour toucher leur indemnité et ils partiraient
avant la fin des débats si on ne les menaçait de ne
pas les payer. Un témoin de la seconde moitié du

Lévis-Léran avait donné à un subdélégué l'inspection du haras
(600 liv.), le visa (500), la conservation de la Tour ronde (200).
Cf. Arch. dép., S. C, aff. mun. Lettre de Boyer, subd. 28 déc. 1772.

[1] Arch. nat., H. 722.2. Rachat et nom. aux off. mun. Cf. id.,
Bᵃ 60, lett. du chev. de Roquefort (Marquié-Cussol). 19 janv. 1789 :
« Le tiers-état est député par les officiers municipaux, or, ces
officiers sont toujours nommés par l'influence du président des
Etats et par l'entremise du subdélégué de l'intendance; aussi leur
suffrage est-il toujours calqué sur la proposition du président ou
des syndics généraux qui sont ses organes. »

[2] Arch. dép., S. C, aff. mun. Lettre de l'év. de Pamiers. 3 mai
1778.

xvii⁰ siècle prétend que ces députés en capes et en
bonnets ne savent ni lire ni écrire et qu'ils suivent
aveuglément l'avis de leurs seigneurs. On a vu quelquefois, ajoute-t-il, le président leur demander quel
était l'avis de leurs seigneurs auquel ils se ran-
geaient et ils restaient muets à la confusion de l'assemblée [1].

Le marquis d'Usson, vers la fin du xviii⁰ siècle,
trouve que le plus souvent les officiers municipaux
« sont hors d'état de suivre une affaire [2]. » Il proposa
de les faire délibérer à part pour qu'ils pussent s'exprimer en patois. Marseilhas fait un portrait piquant
des députés des villages « qui n'ont pas une connaissance parfaite du sujet qu'on leur propose », qui ne
savent et ne peuvent « énoncer leur véritable vœu »,
qui ne connaissent que ces trois mots de français,
nécessaires pour voter : « Avis de Monseigneur ».
Acoquat fait la même constatation. Ce n'est pas chez
eux que l'on trouve de l'indépendance. On aurait pu
en trouver dans quelques députés des villes, qui
étaient souvent des hommes instruits, quelquefois
des nobles ou des « gradués ». « C'est de cette classe
surtout, dit Marseilhas, que sortent les observations
les plus judicieuses, quoiqu'elles soient rares. »
Aussi, ajoute-t-il, a-t-on soin d'accaparer leurs suffrages. Ils étaient pauvres et l'opposition n'était pas
alors un moyen d'obtenir « des places lucratives et
des honneurs. » Au xvii⁰ siècle, leurs voix ne pouvaient contrebalancer celles de la noblesse et de ses

[1] Arch. dép., pièces div., Proj. de réf.
[2] Arch. nat., H. 716. Proj. d'un nouv. règl.

clients et, au xviiie, ils étaient des fonctionnaires
royaux et des courtisans de l'évêque [1].

5. *Villes hanséatiques.* — Le pays de Foix comptait des villes et lieux privilégiés ou hanséatiques.
C'étaient Pamiers, Lézat, le Donezan et Miglos. Ils
avaient droit d'entrée aux Etats et leur rang sur le
catalogue [2], mais « ne contribuant pas aux charges
ordinaires du pays et ne pouvant opiner que sur certaines affaires seulement, ces lieux méprisaient de
s'y trouver [3]. » Ils se sont abstenus pendant deux siècles, à l'exception du Donezan dont les députés se
présentèrent une fois aux Etats. En 1666, le juge-
mage de Pamiers, juge souverain du Donezan, était
commissaire du roi, en l'absence du gouverneur, du
lieutenant général et du major du château ; les députés du Donezan se rendirent à l'assemblée pour
être agréables à leur juge, mais ils déclarèrent, en
arrivant, « qu'ils n'entendaient opiner qu'aux affaires
qui les concernaient. » Avant le xviie siècle, Pamiers,
Lézat et le Donezan avaient député aux Etats [4].

Les villes hanséatiques ne contribuaient pas aux

[1] Acoquat, p. 10 et suiv. Arch. nat., H. 716. Mém. de M. de
Marseilhas. 1784. Si les députés des villes avaient quelques velléi-
tés d'indépendance, ils étaient privés à tout jamais de l'espoir
d'obtenir la moindre place lucrative ou honorable. Id. — L'édit de
1632 permettait aux communautés de payer des vacations à leurs
députés (4 liv. par jour); ils recevaient encore 4 liv. par jour quand
ils faisaient partie d'une députation ordinaire et 7 si la députation
était importante. Arch. dép., proc.-verb. 1639.

[2] A l'exception de Miglos, représenté par son seigneur.

[3] Arch. dép., pièces div., Proj. de réf.

[4] Arch. dép., proc.-verb. 1666.

frais ordinaires du pays ; à l'origine, elles ne payaient que leur quote-part de la donation ; elles ne consentaient à payer leur part des impôts royaux, successivement créés pendant deux siècles, qu'après de longs procès.

Pamiers avait pour co-seigneurs le comte de Foix et l'évêque ; les co-seigneurs lui avaient cédé la nomination des officiers municipaux avec les fours, les moulins et les boucheries, à la condition qu'elle entretiendrait les murailles de la ville ; ils ne s'étaient réservés que la justice. C'était, aux xviiᵉ et xviiiᵉ siècles, une sorte de république très jalouse de ses privilèges [1].

Après la séparation des États, le commissaire du roi lui faisait part, dans une assemblée de ville, de ce qui la concernait dans les délibérations des États.

Par arrêt du conseil (1699), elle devait contribuer pour un dixième aux impositions extraordinaires demandées par le roi. Si le roi oubliait de fixer sa quotepart, ce qui arriva pour l'ustensile en 1701, il fallait un procès pour l'obliger à contribuer aux nouvelles charges.

A la veille de la Révolution, elle était la communauté la plus imposée de la province. Elle ne voulait rendre compte à personne de ses affaires, pas même de ses retards dans le versement des deniers dans la caisse de la province ; elle refusait toute vérification des cahiers de levée de ses collecteurs [2].

Lézat avait des privilèges à peu près semblables à ceux de Pamiers ; si elle n'élevait pas les mêmes

[1] Arch. dép., S. C, aff. mun. Lettre de l'évêque. 1778.
[2] Arch. nat., H. 716. Des villes et lieux privilégiés.

prétentions que Pamiers pour la reddition des comptes, elle se refusait à partager les charges du Comté avec plus d'acharnement que Pamiers, « quoiqu'elle fût une des plus considérables du pays pour l'étendue et la bonté du terroir et pour la faculté de ses habitants[1]. » Elle trouvait toutes sortes de prétextes pour ne pas payer les impositions royales et, pendant plus d'un siècle, elle fut presque toujours en procès avec la province. Elle payait 5 pour mille des impositions ; d'après les Etats, elle ne contribuait pas au 40ᵉ de ce qu'elle aurait dû supporter par rapport aux autres communautés. En 1708, les Etats demandèrent «leur désunion d'avec elle, comme d'un membre qui leur est à charge[2]. »

Le Donezan et Miglos « quoique hanséatiques ne sont pas distincts et séparés de la province et contribuent à la part de ses dépenses à raison du nombre des feux qui les compètent dans la répartition qui en est faite par les commissaires cotisateurs[3]. »

Les neuf villages du Donezan « faisaient corps ensemble » et étaient administrés par quatre consuls dont deux étaient toujours pris à Quérigut et à Mijanès et les deux autres indifféremment dans les autres villages[4]. » Le marquis de Bonnac acheta au roi le domaine de ce pays et au juge-mage l'office de juge souverain[5]. Le Donezan, comme Lézat, était souvent en procès avec la province. Par deux fois l'intendant

---

[1] Arch. dép., proc.-verb. 1708.
[2] Id. et Arch. nat., H. 716. Des villes et lieux privilégiés.
[3] Arch. nat., H. 716. Des villes et lieux privilégiés.
[4] Arch. dép., S. C, aff. mun. Etat des villes et commun... 1772.
[5] Arch. nat., K. 1162. Mém. sur le pays de Foix. 1739.

le condamna à payer l'impôt royal sur le pied de 24 feux (1712 et 1721), il refusa et fit appel au conseil du roi. Les Etats étaient obligés de mettre garnison chez les contribuables pour les forcer à payer l'impôt [1].

Miglos contribuait aux impositions royales sur le pied de 10 feux [2]. C'était le seul pays hanséatique qui ne fût pas en guerre ouverte avec la province.

---

[1] Arch. nat., id. Arch. dép., proc.-verb. 1724.

[2] Arch. dép., proc.-verb. 1679. Le Donezan, Pamiers et Lézat contribuaient à la donation (id., 1696), mais non Miglos (id., 1679).

Chapitre IV

LES OFFICIERS DES ÉTATS

1. Les officiers des Etats. 2. Les syndics. 3. Le trésorier. 4. Les auditeurs de la chambre des comptes. 5 Les cotisateurs. 6. Les commissaires du visa. 7. Les secrétaires des Etats. 8. L'ingénieur. 9. L'inspecteur des mines, le maître des ports, l'avocat au conseil du roi et l'agent des Etats. à Paris.

1. Les officiers des Etats. — Les agents chargés d'exécuter les volontés des Etats s'appelaient officiers des Etats. La province eut de tout temps la liberté de nommer ses officiers ; cette liberté lui fut confirmée par l'arrêt du 17 août 1674 [1]. Le nombre de ces officiers n'a guère varié aux XVIIᵉ et XVIIIᵉ siècles. C'étaient les deux syndics, le trésorier, les secrétaires, les auditeurs des comptes, les cotisateurs et l'ingénieur [2]. Les Etats payaient encore divers agents qui ne portaient pas le titre d'officiers des Etats : un avocat au conseil du roi, un agent à Paris, un inspecteur des mines [3] et un maître des ports.

---

[1] Arch. nat., H. 715. Art. que la prov. de Foix demande être réglés par le roi. 1674. « Le gouverneur laissera l'assemblée des Etats libre pour résoudre de tout... pour la nomination de ses officiers... » Accordé. « Que les officiers des Etats fassent avec liberté la fonction de leurs charges et jouissent des mêmes avantages que ceux de Languedoc. » Accordé.

[2] Au XVIIIᵉ siècle.

[3] Au XVIIIᵉ siècle.

A l'exception du trésorier et de l'ingénieur qui
avaient des taxations ou des appointements honnêtes[1], les officiers des Etats étaient peu payés. « Il
n'est point de pays d'Etats, dit d'Agoult en 1788, qui
paraisse moins payer les officiers qu'il emploie ; il en
est peu cependant dont l'administration soit réellement plus coûteuse, en proportion des sommes qu'elle
est chargée de percevoir. Les Etats assignent à leurs
officiers des appointements insuffisants, mais ils leur
donnent en dédommagement des droits éventuels qui
pourraient excéder le montant de leurs honoraires[2]. »
Ces sommes étaient considérées comme « accessoires
de la taille » et portaient sur les biens ruraux[3]. »

Les officiers des Etats étaient amovibles en droit,
mais, en fait, la plupart étaient inamovibles. On lit
dans une délibération de 1639 : « Tous les officiers
seront changés de deux en deux ans par moitié, sauf
le trésorier dont la durée de la charge est fixée par
son contrat[4]. » Mais cette délibération ne cite parmi
les officiers que « les deux secrétaires, les six auditeurs des comptes, les six cotisateurs et le trésorier. »
Le comte de Rabat dit en 1661 : « Les charges, auxquelles les Etats ont loi de pourvoir, ne sont, ni ne
peuvent être héréditaires, mais au contraire annuelles
ou triennales[5]. » En fait, la plupart des officiers gar-
daient leur charge, leur vie durant, et les fils des

---

[1] Arch. nat., H. 715. Mém. de Darmaing.

[2] Les auditeurs des comptes et les cotisateurs avaient des rétri-
butions journalières. Arch. dép., proc.-verb. 1788.

[3] Acoquat, l. c., p. 17 et 38.

[4] Arch. dép., proc.-verb. 1639.

[5] Id., 1661.

syndics étaient généralement reçus en survivance à leur père. Un arrêt du conseil de 1693 permettait l'amovibilité des officiers des Etats, mais une décision du duc de la Vrillère leur assurait l'inamovibilité [1]. »

2. *Les syndics.* — Toute la besogne administrative reposait sur les syndics; c'étaient les plus occupés des commis. Sous l'ancien régime, tout corps constitué avait un syndic. « Un corps ne peut être sans un syndic, » dit le maire d'une commune dont le roi tardait à nommer le syndic [2]. La Révolution garda les syndics dans les conseils de département et de districts [3].

Les Etats avaient deux syndics qu'on appelait syndics généraux par opposition avec les syndics des communes. Ils étaient généralement « avocats en parlement » et même « docteurs ès-droits. » Comme la plupart des membres des Etats étaient fort ignorants et comme il était facile « de leur fasciner les yeux en administration, même sur leurs propres intérêts, [4] » il était indispensable d'avoir toujours sous la main des légistes experts dans les affaires du pays.

---

[1] Arch. nat., H. 715. Mém. de Darmaing. Darmaing ajoute qu'on laissa sans doute ignorer à La Vrillère l'existence de l'arrêt de 1693.

[2] Arch. dép. S. C, aff. mun. Lettre du maire de Saverdun à l'intendant. 1773.

[3] « Les syndics des communes agissent, au nom des habitants, dans les affaires où les droits et les propriétés du plus grand nombre se trouvent intéressés. » Acoquat, l. c., p. 12. Le même Acoquat raconte que le tiers du Comté l'a nommé syndic pour agir en son nom. » Id., p. 31.

[4] Arch. nat., K. 687. Observ. sur les représ. des Etats...

Nous lisons dans une délibération de 1661 : « La province a besoin de personnes expérimentées et bien versées dans le droit et dans les affaires du monde, parce qu'il y a des rencontres... qu'à faute de trouver un homme versé et capable, il faut recourir à grands frais à la ville de Toulouse [1]. »

Au XVIIᵉ et au XVIIIᵉ siècles, les syndics conservaient généralement leur fonction toute leur vie [2]. On assurait même la survivance à leurs fils. Quand le fils d'un syndic avait terminé ses études juridiques, il était associé au travail du père, « il était élevé et comme nourri dans les affaires ; » cependant il ne touchait des honoraires qu'après la mort de son père. Toutefois il était payé s'il accomplissait des voyages pour la province ou s'il assistait aux chambres [3].

Les Etats gardèrent le droit de nommer les syndics jusqu'à la fin de l'ancien régime, cependant ils faillirent le perdre en 1786. L'évêque Lévis-Léran avait fait des syndics un instrument de sa tyrannie et l'opinion publique les força à donner leur démission [4]. Le roi alors fit connaître aux Etats qu'il leur ordonnait de présenter trois sujets pour chaque em-

---

[1] Arch. dép., proc.-verb. 1661.

[2] Cependant ils n'étaient pas plus inamovibles que les autres officiers des Etats. Arch. nat., K. 687. Observat. sur les représent. des Etats à l'occasion de la démission de leurs syndics.

[3] Arch. dép., proc.-verb. 1753 : « A la mort des deux syndics, on a été fort heureux d'avoir pris une semblable précaution, car, sans elle, la province se serait trouvée sans syndics d'une assemblée à l'autre ; ils étaient morts presque en même temps ; il n'y eut point d'interruption. »

[4] Arch. nat., H. 715. Observ. sur les Etats de 1787.

ploi de syndic, se réservant le choix définitif ; en attendant, il désignait Jérôme Darmaing comme syndic intérimaire. L'assemblée protesta contre cette atteinte à ses privilèges et déclara que Darmaing n'avait pas sa confiance parce qu'elle était en procès avec les fermiers de la « subvention » et que Darmaing était leur avocat. Le roi passa outre. L'année suivante, les Etats firent les présentations, mais renouvelèrent leurs remontrances ; le roi, sur les instances de l'évêque [1], autorisa de nouveau l'élection des syndics et ne se réserva que la confirmation qu'il n'avait pas auparavant [2].

A la fin du xviie siècle, les syndics sont déjà les hommes de l'évêque. En 1667, il s'éleva une rivalité entre le premier baron et l'évêque pour le choix d'un syndic : le comte de Rabat propose son candidat, l'évêque le repousse « parce qu'il a brigué toutes les puissances qui peuvent ôter la liberté aux Etats [3]. » En 1692, la lutte est si vive que le roi doit trancher la question [4]. Au xviiie siècle, les syndics sont, sans conteste, les secrétaires d'état de l'évêque. Lorsque d'Usson voulut relever le rôle de la noblesse, il proposa de nommer un syndic noble sur deux « dont les fonctions seraient spécialement de rappeler les Etats à l'ordre et à l'observation des règlements et de veiller aux objets relatifs aux travaux publics, » le syndic roturier conserverait ses anciennes attributions [5]. En

[1] D'Agoult.

[2] Arch. dép., proc.-verb. 1786 (1re et 2e ass.), 1788 et 1789. Arch. nat., H. 715. Mém. de Darmaing.

[3] Arch. dép., proc.-verb. 1667.

[4] Arch. nat., K. 687. Observ. sur les représ. des Etats.

[5] Arch. nat., H. 716. Projet d'un nouveau règlement.

1789, le tiers protestait contre l'inamovibilité de fait
des syndics, il demandait « que tous les six ans, ils
fussent destitués ou continués, selon qu'on le jugerait
convenable [1]. »

Les syndics n'étaient pas payés en raison de l'importance de leurs fonctions. Ils déclarent, en 1751,
« que leurs charges sont plus honorables que profita-
bles » et que leurs occupations augmentent tous les
jours. On porta leurs honoraires à 600 livres [2], mais
à charge par eux de remettre sur le bureau, pendant
la tenue des Etats, une copie de tous les mémoires
qu'ils ont dû rédiger dans le courant de l'année [3]. En
1786, on leur donnait 900 livres, plus 32 livres pendant les sessions, 4 livres par jour quand ils assistaient aux chambres ou commissions et des frais de
députation, ce qui portait leurs honoraires à 1.400
livres environ [4]. En 1788, d'Agoult leur fit accorder
1.500 livres sans accessoires [5]. Lorsque un syndic
mourait, on donnait habituellement une gratification
de 400 livres à sa veuve.

Voyons maintenant quelles sont les attributions
des syndics pendant et après les sessions des Etats.

Quand la séance est ouverte, le syndic « d'année »
requiert la lecture, enregistrement et exécution des
lettre patentes et de cachet du roi « portant commission de convoquer l'assemblée, ouir les plaintes et

[1] Acoquat, l. c., p. 23.
[2] En 1739, ils touchaient 177 liv. chacun. Arch. nat., K. 1162.
Mém. sur le pays de Foix.
[3] Arch. dép., proc.-verb. 1751.
[4] Arch. nat., H. 715. Mém. de Darmaing.
[5] Arch. dép., proc.-verb. 1788.

doléances de ses sujets de la province, leur faire
accorder la donation ordinaire qu'ils font à Sa Majesté [1]. » C'est aux syndics que sont adressées les
ordonnances de l'intendant portant impositions royales, ils les déposent sur le bureau, ainsi que les arrêts
du conseil et les demandes et requêtes des communautés et des particuliers [2].

Les syndics rédigent toutes les propositions faites
à l'assemblée [3], elles sont ensuite lues à haute voix
par l'évêque ou par les syndics eux-mêmes [4], le rapport qui accompagne ces propositions est généralement l'œuvre des syndics, quelquefois d'une commission. Ils prennent la parole pour expliquer rapport et
propositions. D'Usson voulait même qu'ils fussent
exclussivement chargés des rapports oraux : « Le
rapport, dit-il, fait par les syndics, gens accoutumés
à parler en public, sera plus net, plus précis, dépouillé
d'un fatras de paroles qui ne font qu'allonger les
séances [5]. »

Ils requièrent l'exécution du règlement [6].

Toute requête des États au conseil du roi doit être
accompagnée de l'avis des syndics et si les lettres
patentes ne font pas mention de cet avis, elles ne
sont pas valables [7].

---

[1] Arch. dép., proc.-verb. 1675, 1786 (1re ass.), 1789.

[2] Id., 1783, 1789. Mention en est faite sur la plupart des procès-verbaux.

[3] Arch. nat., K. 687. Observ. sur les représ. des Etats.

[4] Arch. nat., H. 713-714. Lettre de l'év.

[5] Arch. nat., H. 716. Proj. d'un nouv. règl.

[6] Id. et Arch. dép., Table des mat. les pl. import. contenues dans
les verbaux. Année 1633.

[7] Arch. dép., pièces div., Proj. de réf.

Quand l'assemblée s'est séparée, les syndics sont chargés, pendant l'intervalle des sessions de l'exécution des délibérations [1]. Leurs attributions sont celles mêmes des Etats, dont ils sont les agents actifs pour l'administration intérieure et pour les relations avec le dehors.

1° Ils défendent, au nom des Etats, et par tous les moyens, démarches personnelles, députations, procès devant toutes les juridictions, les privilèges de la province [2], des trois états [3], des communautés [4] et des particuliers [5], envers et contre tous, même contre le roi [6].

2° Ils sont chargés de tous les autres procès concernant les intérêts de la province et en particulier des procès contre les villes libres qui refusent de payer leur quote-part d'impôts. Si les décisions à intervenir ne sont pas assez rapides, ils se présentent devant la chambre de Navarre, devant l'intendant ou le parlement de Toulouse [7].

3° Ils s'occupent des questions relatives aux impo-

[1] Arch. nat., H. 715. Mém. de Darmaing. D'après Darmaing, « ils devraient rendre compte de cette exécution aux Etats suivants. » « Dans l'intervalle des Etats, dit-il encore, il peut se présenter différentes affaires non prévues, les syndics se concertent avec l'évêque qui, à la rigueur, réunit une commission. »

[2] Arch. dép., proc.-verb. 1678, 1684, 1686, 1689, 1694, 1709, 1786 (1re ass.) Arch. nat., H. 713-714. Proc.-verb. de 1778.

[3] Arch. dép., proc.-verb. 1682, 1696, 1716, 1745.

[4] Arch. dép., Table des matières, etc., année 1634. Arch. dép., proc.-verb. 1666, 1683, 1685, 1695.

[5] Id., 1696.

[6] Id., 1688. Arch. dép., pièces div., Délibérations des Etats au sujet des 15.000 liv., année 1660 et Députat. d'un syndic au roi.

[7] Arch. dép., proc.-verb. 1641, 1665, 1683, 1693, 1741.

sitions ; ils supplient l'intendant de diminuer les taxes, demandent des abonnements, revisent les feux et sont en rapports constants avec le trésorier du pays ou les fermiers du trésor dont ils modèrent les exigences et qu'ils poursuivent au besoin [1].

4° Ils contractent des emprunts au nom de la province et font des avances aux communautés [2].

5° Ils exercent une sorte d'inspection sur les communautés ; ils dénoncent les irrégularités des conseils politiques [3] et d'une manière plus générale, ils doivent veiller à ce que les lois du royaume soient observées par tous [4].

6° Ils sont spécialement chargés de la voirie, même après la nomination d'un ingénieur [5].

7° Ils font des enquêtes quand la grêle ou les inondations ont ravagé les champs et détruit les récoltes [6].

Enfin, aux époques d'Etats généraux, ils donnent aux commissaires, chargés de rédiger les cahiers de doléances, tous les renseignements nécessaires « sur les abus qui tiennent à l'administration générale et dont eux seuls ont une parfaite connaissance [7]. »

3. *Le trésorier.* — Le trésorier fut d'abord nommé par les Etats pour une durée fixée par son contrat [8].

---

[1] Arch. dép., proc.-verb. 1680, 1736, 1741.
[2] Id., 1679, 1682, 1693.
[3] Id., 1680, 1686 (1re ass.), 1698.
[4] Id., 1661, 1682.
[5] Id., 1667, 1668, 1745, 1751.
[6] Id., 1745.
[7] Id., 1614, 1649, 1789. En 1649, en 1651 et en 1789, des syndics furent élus députés du tiers aux Etats généraux.
[8] Id., 1639.

En 1681, on décida de donner la charge à la moins
dite et d'exiger une caution [1] ; plus tard, ils furent
nommés purement et simplement par les Etats. On
choisissait « un bon sujet, capable de répondre des
deniers de la recette. » En 1753, on accorde la survivance au fils d'un trésorier [2].

Le trésorier touchait, comme indemnité, un droit
de levée ; ce droit était de 15 deniers pour livre vers
le milieu du xviiᵉ siècle ; en 1681, il fut réduit provisoirement à 12 deniers ; l'année suivante, le roi
demanda de réduire le droit de levée à 6 deniers et
un membre des Etats fit remarquer que, dans le
Bigorre, le droit de levée était de 4 deniers et qu'il
était défendu « au trésorier de prendre autre chose
sous peine de concussion. » A la suite d'une inspection de l'intendant, le droit de levée fut fixé à 4 deniers [3] ; un règlement portait qu'il ne pourrait exiger
les intérêts des sommes avancées à la province que
de la date de quittance du payement et qu'il devait
payer intérêt des sommes demeurées entre ses mains.
Ainsi réduits, ses appointements paraissaient encore
« honnêtes » au syndic Darmaing [4].

La fonction du trésorier consistait en la levée
des deniers ordonnés par les Etats pour les charges et affaires du pays, telles que appointements du
gouverneur, gages des officiers, intérêts des sommes dûes par la province, travaux publics, aumônes,

---

[1] Arch. dép., proc.-verb. 1681.

[2] Id., 1710, 1753.

[3] En 1688.

[4] Arch. dép., proc.-verb. 1666, 1681, 1688. Arch. nat., H. 715.
Mém. de Darmaing.

nes, etc. [1] ; il levait aussi les impôts consentis au roi
par la province et les versait dans les caisses du rece-
veur général du Languedoc [2] ; mais il ne s'occupait
pas des impôts levés par le roi comme suzerain du
pays [3] et le don gratuit et les quartiers d'hiver étaient
du ressort des trésoriers de Navarre [4].

Il devait rendre compte de sa gestion à la Chambre
des comptes et aux Etats [5]. Deux nobles et deux
roturiers délégués par les Etats vérifiaient sa comptabilité et pouvaient se transporter chez lui, exiger
les bordereaux de recettes et de dépense est constater
l'état de la caisse [6]. Cette inspection n'était pas bien
sérieuse, car ni la commission ni les Etats n'étaient
compétents [7]. Vers la fin du xviiie siècle, la situation
financière était dans un inextricable désordre. La
surveillance du trésorier par la Chambre des comptes
et les quatre délégués des Etats était absolument
anodine et illusoire : « Ils admettaient le trésorier à
faire reprise de tout ce qu'il déclarait n'avoir pas reçu,
en sorte que ce comptable, affranchi par là des dili-
gences qui pouvaient lui peser, recevait ce qui lui
était facile, payait ce qui lui était commode et laissait, en arrière sur la recette, ceux qu'il lui plaisait de
ménager et, sur la dépense, ceux qu'il ne lui plaisait

---

[1] Arch. dép., proc.-verb. 1666.

[2] Arch. nat., H. 716. Etats du pays de Foix.

[3] Arch. dép., proc.-verb. 1666.

[4] Id., 1785 et Arch. nat., H. 716. Etats du pays de Foix.

[5] Arch. dép., proc.-verb. 1666. Arch. nat , K. 1162. Mém. sur
le pays de Foix.

[6] Arch. dép., proc.-verb. 1677, 1684, 1695, 1708, 1718, 1768, 1771,
1789.

[7] Arch. nat., H. 716. Etats du pays de Foix.

pas de payer. » Enfin « il ne rendait pas des comptes séparés et distincts des différents objets qui, par leur nature, méritaient de ne pas être confondus ¹. »

En 1789, la caution du trésorier fit faillite et ce dernier était redevable à la caisse de 160.000 livres².

4. Les auditeurs de la Chambre des Comptes. — La chambre des comptes, qui avait sa part de responsabilité dans les désordres financiers du Comté, se composait essentiellement de six auditeurs, dont deux nobles et quatre du tiers³. On y admettait aussi les deux syndics et le secrétaire⁴. En 1783, le roi autorisa son commissaire à assister à la chambre des comptes, comme aux séances des Etats⁵. L'évêque présidait cette chambre depuis 1635, sans avoir jamais été désigné par les Etats⁶.

Les deux gentilshommes furent toujours nommés par les Etats ; un règlement de 1658 portait que l'assemblée les nommerait tous les ans afin d'éviter les brigues, mais, dès 1660, elle maintenait les mêmes auditeurs, tout en se réservant de les rempla-

---

¹ Arch. nat., H. 716. Etats du pays de Foix. Cf. Id., H. 713-714. Rapport au roi. 1780. Arch. dép., pièces div., Papiers du trésorier Gardebosc.

² Arch. dép., proc.-verb. 1789.

³ Id., 1639. Arch. nat., H. 713-714. Proc.-verb. de 1778.

⁴ Arch. dép., proc.-verb. 1688.

⁵ Arch. nat., H. 715. Observ. sur le verb. des Etats 1783.

⁶ A l'origine les Etats nommaient un président aux gages de 200 liv. Arch. dép., Table des mat. les pl. imp. contenues dans les verbaux. Année 1638. En l'absence de l'évêque, c'était un abbé ou un baron qui présidait les comptes. Arch. nat., K. 1162. Mém. sur le pays de Foix...

cer quand elle le jugerait à propos [1]. Ces charges ne
tardèrent pas à devenir viagères [2]. Les quatre auditeurs du tiers étaient les consuls des quatre villes
maîtresses ; toutefois les Etats avaient le droit d'en
désigner d'autres, c'est ainsi qu'en 1658, les consuls
de Foix furent privés de l'entrée aux comptes parce
qu'ils avaient insulté l'évêque et ils furent remplacés
par les consuls de Daumazan ; les Etats revinrent
l'année suivante sur leur décision [3]. En 1648, Mazères
n'eut pas son auditeur [4]. Ce n'étaient pas les consuls
modernes, mais les proconsuls qui siégeaient à la
chambre des comptes [5]. C'est par erreur que d'Usson
a dit, en 1782, « que le président désignait les commissaires de la chambre des comptes, lesquels sont
inamovibles et qu'il a soin de ne nommer que des
gens à sa dévotion [6]. » Il confond les comptes avec les
commissions des Etats que l'évêque nommait et présidait. Avant 1780, on ne donnait aucune publicité
aux travaux de la chambre des comptes. Le comte
de Rabat disait, en 1667, que « le pays ne pouvait
savoir ce qui se pratiquait dans cette chambre [7]. » A
dater de 1780, le compte-rendu de ses séances fut
joint au procès-verbal des Etats.

---

[1] Arch. dép., proc.-verb., 1660, 1678.

[2] Arch. nat., K. 1162. Mém. sur le pays de Foix. 1739.

[3] Arch. dép., proc.-verb. 1658, 1659.

[4] Id., 1648.

[5] L'exemple est donné par la ville de Foix et suivi en 1683 par
les autres villes maîtresses.

[6] Arch. nat., H. 713-714. Rapport et observ. sur les délib. des
Et. de 1782.

[7] Arch. dép., proc.-verb. 1667. Cf. Arch. nat., H. 713-714. Rap.
et observ. sur les délib. des Etats de 1782.

Il semble qu'en général cette chambre ne siégeait qu'une fois par an, en mai ; quelquefois elle siégeait pendant la tenue des Etats.

En principe, la chambre des comptes ne pouvait connaître que des affaires qui lui étaient renvoyées par les Etats [1]. « On liquide dans cette chambre les comptes du trésorier, les comptereaux des officiers du pays et généralement ceux des communautés et particuliers qui y ont été renvoyés par les Etats [2], elle ne peut connaître régulièrement d'autre chose [3]. » Quand les Etats n'avaient pas reçu, à l'époque de leur session, un bordereau d'imposition, ils donnaient pouvoir à la chambre des comptes d'ordonner cette imposition; abusivement, les auditeurs augmentaient quelquefois cette imposition de leur propre autorité [4], mais alors les ordres lésés les rappelaient à leurs devoirs [5]. Sous prétexte d'abréger la session des Etats, on renvoyait souvent à cette chambre la majeure partie des affaires de la province [6]. Le lieutenant général d'Usson demanda au roi de le faire admettre aux séances de la chambre des comptes pour qu'il pût

[1] Arch. dép., pièces div., Table des mat. les pl. imp. contenues dans les verb. Année 1638.

[2] « Les requêtes des particuliers et des communautés qui, dans le cours de l'année, ont fait des fournitures en logements ou autrement. » Arch. nat., K. 1162. Mém. sur le pays de Foix.

[3] Id.

[4] En 1693, l'assemblée des Etats constate « qu'il y a plusieurs innovations et entreprises de la chambre des comptes par des prétendus règlements que cette chambre a voulu faire contre l'autorité des Etats. » L'assemblée casse ces règlements. Arch. dép., proc.-verb. 1693.

[5] Id., 1727.

[6] Arch. nat., 713-714. Rapport et observ. sur les Et. de 1782.

veiller à ce que l'imposition royale ne fût pas employée aux besoins particuliers de la province et pour qu'il sût si les demandes faites par les Etats avaient la destination à laquelle le roi avait donné sa sanction [1].

5. *Les cotisateurs*. — La chambre de cotise était composée de six cotisateurs généraux, dont cinq du tiers et un de la noblesse [2]. Le cotisateur de la noblesse présidait [3]; en 1660, les Etats avaient décidé que le cotisateur noble serait élu tous les ans [4], mais ce règlement tomba en désuétude [5]; Darmaing écrit, en 1786, que « le président est inamovible [6]. » Quelquefois deux nobles présidaient alternativement et si l'un mourait, l'autre restait seul président [7]. Les cinq cotisateurs du tiers furent d'abord amovibles, mais ils furent de bonne heure cotisateurs à vie [8], les fils étaient reçus en survivance [9]. Les quatre villes maî-

---

[1] Arch. nat., H. 713-714. Rap. et observ. sur les délib. des Et. de 1782. La ville de Foix prétendait que la chambre des comptes devait se réunir dans ses murs ; les Etats n'admirent jamais cette prétention ; en fait, elle se réunissait le plus souvent au palais épiscopal et l'évêque remplaçait d'office les absents. Arch. dép., proc.-verb. 1661, 1689 et 1713. Les deux gentilshommes étaient payés 100 liv. chacun et les quatre consuls 4 liv. par jour. Ils n'étaient payés que s'ils assistaient réellement aux séances. Id., 1688, 1689.

[2] Id., 1639.

[3] Arch. nat., K. 1162, Mém. sur le pays de Foix.

[4] Arch. dép., proc.-verb. 1660.

[5] Id., 1675.

[6] Arch. nat., H. 715. Mém. de Darmaing.

[7] Arch. dép., proc.-verb. 1753.

[8] Id., 1684.

[9] Id., 1678, 1754. On donnait une gratification de 50 à 150 liv. aux veuves des cotisateurs.

tresses prétendaient qu'elles avaient le privilège de fournir chacune un cotisateur [1]. Les deux syndics, le trésorier et le secrétaire assistaient à la cotise [2]. En 1707, le subdélégué demande à être reçu à cette chambre, « lors de l'assemblée qui se fera pour le département des tailles et autres impositions avec rang, séance, jouissance des droits et émoluments attribués aux subdélégués du Languedoc. » On lui refusa cette faveur, « attendu que, dans le pays de Foix, il n'y a point d'assiettes particulières et qu'il n'y a que l'assemblée des commissaires des États pour la répartition générale des impositions des États dans laquelle les subdélégués n'entrent point en Languedoc [3]. »

Les commissaires de la cotise n'avaient à se partager que 135 livres, mais on leur payait les journées à raison de 13 livres 10 sols au président et de 6 livres aux autres ; ils siégeaient vingt jours et on leur en comptait quarante. Sous le nom de bris de chambre, on donnait encore 80 livres au président pour trois repas qu'il offrait aux cotisateurs [4].

La chambre ne pouvait s'assembler qu'après la

---

[1] Arch. dép., proc.-verb. 1648, 1658. On lit dans le Mém. sur le pays de Foix (Arch. nat., K. 1162) : le président « a avec lui quatre cotisateurs, les susdits quatre consuls des villes maîtresses, comme aux comptes. » C'est une erreur. V. Arch. dép., proc.-verb. 1639 et Mém. de Darmaing. (Arch. nat., H. 715.)

[2] Arch. nat., K. 1162. Mém. sur le pays de Foix. — Foix prétendait encore que cette chambre devait se réunir dans ses murs. Arch. dép., proc.-verb. 1693. En fait, elle s'y tenait généralement. Arch. nat., K. 1162, l. c.

[3] Arch. dép., proc.-verb. 1707.

[4] Arch. nat., H. 715. Mém. de Darmaing.

session des Etats et des comptes, c'était généralement en mai et juin. On lui apportait les procès-
verbaux de ces deux assemblées et elle faisait la
répartition de toutes les impositions entre les communautés et réglait le montant de chaque feu. Elle
procédait aussi à la répartition de la capitation noble.
La chambre séparée, le trésorier envoyait les mandes à chaque communauté [1].

6. *Les commissaires du visa des impositions*. —
Quand les communautés avaient reçu les mandes,
elles y ajoutaient les charges de la communauté et
les envoyaient au commissaire du visa. Ce commissaire était nommé par les Etats [2]. Mais la surveillance
de ce commissaire ayant été jugée insuffisante, un
arrêt du conseil de 1675 ordonna que les consuls
dresseraient des états des sommes à imposer chaque
année dans leurs communautés et qu'ils seraient
soumis au commissaire départi en la généralité de

[1] Arch. nat., K. 1162, l. c., H. 716. Et. du pays de Foix. Arch.
dép., proc.-verb. 1776. Les Etats qui, pour les impositions
royales, n'étaient guère qu'une chambre d'enregistrement, tenaient
beaucoup à leur droit de départir les impôts. En 1785, ils appri-
rent avec indignation « qu'ils seraient assujettis à solliciter l'autorisation du commissaire départi pour rendre exécutoires les rôles
d'impositions. » Les Etats renouvelèrent leurs protestations en
1786. « C'est la subversion de vos privilèges, disait un orateur,
l'anéantissement de vos droits. Vous avez le privilège de correspondre directement avec le souverain, ne vous laissez pas enlever
le droit de départir les impositions royales selon les forces des
contribuables. Vos Etats seraient un fantôme, une assemblée inu-
tile si on les réduit, pour toutes les dépenses locales, à solliciter
l'attache de l'intendant dont vous n'avez jamais dépendu. » Arch.
dép., proc.-verb. 1786 (1re ass.)
[2] Id., 1678.

Montauban. Comme cet envoi occasionnait des
retards et des frais, l'intendant, M. de Foucault,
donna la commission du visa au trésorier du pays,
puis au juge-mage et, à sa mort, à MM. de Montauban qui venaient, une fois l'an, au pays de Foix,
pour viser et arrêter les rôles. En 1713, les Etats
demandèrent à l'intendant de nommer un commissaire sur les lieux [1] ; c'est ce que fit M. de la Berchère. Il y eut dès lors deux commissaires du visa,
l'un nommé par l'intendant et l'autre par les Etats ;
les Etats les payaient tous les deux, l'un 500 livres
et l'autre 100.

Leurs attributions ne s'étendaient qu'aux bourgs
et aux villages ; l'intendant s'était réservé le visa des
impositions des douze villes maîtresses : Foix, Mazères, Tarascon, Saverdun, Ax, La Bastide-de-Sérou,
le Mas-d'Azil, le Carla, les Bordes, Montaut, Saint-
Ybars et Varilhes. Les états d'impositions de Pamiers,
de Lézat et du Donezan étaient visés aussi par
l'intendant [2].

7. *Les secrétaires des Etats.* — Les Etats avaient
un ou deux secrétaires [3] dont les fonctions sont net-

---

[1] Arch. dép., proc.-ver. 1713.

[2] Arch. nat., K. 1162. Mém. sur le pays de Foix.

[3] En 1639, il y a deux secrétaires (Arch. dép., proc.-verb. 1639),
un seul en 1739 (Arch. nat., K. 1162, Mém. sur le pays de Foix),
deux en 1782 (Arch. nat., H. 713-714. Lettre de l'év. de Pamiers),
un en 1786 (Arch. nat., H. 715. Mém. de Darmaing) et les années
suivantes. (Arch. dép., proc.-verb. 1788 et 1789). En 1786, le secrétaire avait 150 livres d'appointements fixes (mém. de Darmaing) ;
en 1788, l'évêque propose de lui donner 600 livres, à charge de
faire toute la besogne des Etats et de la commission intermédiaire. Arch. dép., proc.-verb. 1788.

tement expliquées dans une lettre de l'évêque de
Pamiers : « Vous n'êtes pas instruit de nos usages
en ce qui concerne la rédaction du plumitif et du
procès-verbal des Etats. Le président ou les syndics
font les propositions, deux secrétaires les copient,
l'un sur le plumitif, l'autre sur le procès-verbal; on
appelle le catalogue ; les différents avis sont couchés
au long sur le plumitif, on y marque le nombre de
voix que chaque avis a eus ; après quoi, on rédige les
délibérations, conformément à l'avis qui a eu la pluralité des suffrages ; la délibération est en mêmes
termes dans le plumitif et dans le procès-verbal, mais
le plumitif contient tout ce qui s'est dit en délibérant,
au lieu que le procès-verbal ne doit contenir que le
résultat des avis, c'est-à-dire la délibération, en mar-
quant simplement qu'elle a été unanime ou à la pluralité des suffrages[1]. » Les secrétaires avaient encore
la garde des plumitifs, des procès-verbaux et des
règlements. Ils devaient conserver aussi un exem-
plaire de tous les arrêtés relatifs à l'administration
de la province[2].

8. L'ingénieur. — A l'origine, les syndics, l'évêque, les commissaires des Etats et les consuls des
communautés s'occupaient seuls de la vicinalité. On
nomma un ingénieur quand on entreprit les grands
travaux. Il fut d'abord aux appointements de 1.500 livres, puis de 2.000 en 1771[3]. Il n'avait pas de grati-

---

[1] Arch. nat., H. 713-714. Lettre de l'év. de Pamiers (1782).

[2] Arch. nat., H. 716. Proj. d'un nouv. règl.

[3] Arch. dép., proc.-verb. 1771.

fication, comme cela se pratiquait dans le Languedoc [1].

L'ingénieur devait dresser le plan général des chemins et faire le tracé de chacun en particulier, il devait visiter les chemins de la province deux fois par an, se mettre en rapport avec les consuls et veiller à l'exécution des règlements [2].

Les premiers ingénieurs, pris dans le pays, furent médiocres [3]. En 1782, le ministre des finances proposa un ingénieur aux Etats qui l'acceptérent [4]; sans doute il ne fut guère plus habile que ses prédécesseurs, à en juger par les critiques véhémentes de l'évêque d'Agoult [5]. Le premier grand ingénieur de la région fut Mercadier, sous la Révolution.

9. L'inspecteur des mines, le maître des ports, l'avocat au conseil du roi et l'agent des Etats à Paris. — Les Etats payaient encore divers agents qui ne portèrent jamais le titre d'officiers des Etats.

L'inspecteur des mines avait pour mission de procurer des mines plus abondantes et de trouver une meilleure méthode pour les exploiter [6].

Pour toutes les contestations relatives à la foraine, on s'adressait au maître des ports, ponts, chemins et passages du pays. Les Etats lui comptaient 100 livres par an [7].

---

[1] Arch. dép., proc.-verb. 1782.

[2] Id., 1771, 1782 et 1783.

[3] Arch. nat.. H. 713-714. Mém. de R. de Saint-Sauveur (intend. de Roussillon.) 1781.

[4] Arch. dép., proc.-verb. 1782.

[5] Id., 1788.

[6] Id., 1779.

[7] Id., 1683, 1700, 1710.

La province entretenait à Paris un avocat et un
agent, spécialement chargés de ses affaires. L'avocat instruisait et présentait les affaires au conseil du
roi, l'agent en sollicitait l'expédition [1].

[1] Arch. dép., proc.-verb. 1696, 1697, 1707, 1728, 1760, 1768 et
1771.

Chapitre V

LES COMMISSIONS DES ÉTATS

1. Les commissions des Etats. 2. Commissions siégeant pendant la tenue des Etats. 3. Commissions siégeant dans l'intervalle des Etats. 4. Abrégé des Etats. 5. La commission intermédiaire.

1. Les commissions des Etats. — Il est probable qu'à l'origine l'assemblée générale discutait toutes les questions sans étude préalable ; mais les membres des Etats s'aperçurent vite que, pour donner leur avis en connaissance de cause, ils avaient besoin d'être éclairés et ils créérent des commissions de travail. « On sait par expérience, dit une délibération de 1771, de quelle utilité il est de nommer des commissaires pour discuter et préparer les affaires sur lesquelles il doit être délibéré dans l'assemblée ; faute de cette précaution, on perd la plus grande partie des séances ; moins on est pour traiter une affaire, mieux elle est discutée[1]. » Naturellement ces commissions étaient choisies par l'assemblée, et sans doute sur la proposition du président. Plus tard le président désigna tous les membres des commissions. C'est déjà une règle à la fin du xviie siècle. L'abbé de Boulbonne, sans discuter ce droit du pré-

[1] Arch. dép., proc.-verb. 1771.

sident, prétendait que tout membre des Etats « pouvait proposer tels autres qu'il voulait et soumettre leur nomination à la pluralité des voix. » L'assemblée ne voulut pas le suivre et décida qu'à l'exemple du Languedoc, le président nommerait tous les commissaires et députés [1].

Les commissions se composaient en nombre égal de nobles et de roturiers [2] ; l'évêque avait le droit d'entrée dans toutes ; son influence était d'ailleurs toujours prépondérante puisqu'il choisissait les commissaires et « éloignait ceux dont les vues étaient contraires aux siennes [3]. »

A en croire Darmaing, les membres de ces commissions ne travaillaient pas beaucoup : « Les Etats, dit-il, passent plusieurs jours sans s'assembler, sous prétexte qu'on a nommé des commissions, qui sont censées travailler, et qui travaillent une heure ou deux par jour [4]. » Les matériaux des rapports étaient fournis par les syndics qui avaient naturellement entrée dans toutes les commissions. Bientôt les Etats ne virent plus que par les yeux de leurs commissaires. « La commission donne son avis, dit d'Usson, les assemblées tronquées, pressées par l'heure sont trop courtes pour pouvoir discuter et le

---

[1] Arch. dép., pièces div., Règlement à demander (s. d., postérieur à 1689). Arch. nat., H. 715. Mém. de Darmaing.

[2] Arch. nat.. id.

[3] Id , H. 716. Tableau de la Comté (par d'Usson, 1780). « L'évêque préside toutes les commissions particulières tenues chez lui. » Mém. de Darmaing. Arch. nat., H. 715.

[4] Id., H. 715. Mém. de Darmaing. Les Etats de Languedoc s'assemblaient deux fois par jour à des heures fixes et les commissaires s'assemblaient deux heures avant la séance des Etats. Id.

peu de gens sensés sont emportés par le torrent et
cèdent à la pluralité des suffrages[1].

*2. Commissions siégeant pendant la tenue des
Etats.* — Les trois principales commissions, qui se
réunissaient pendant la tenue des Etats, étaient dans
la seconde moitié du xviiie siècle :

1° La commission chargée de vérifier les différents
objets contenus dans les instructions remises par le
commissaire du roi[2] ;

2° La commission chargée d'examiner les requêtes[3] ;

3° La commission chargée de réviser les comptes
du trésorier[4] ;

4° La commission des ouvrages publics[5].

Accidentellement l'évêque nommait des commissions pour étudier certaines questions soumises aux
Etats ; c'est ainsi qu'il y eut à des époques diverses,
une commission du franc-alleu[6], une commission de
l'édit de 1694, sur les eaux détournées des rivières
non navigables[7], une commission chargée de soulager la noblesse et le tiers surchargés de taxes[8], une
commission des règlements[9], etc. Souvent une commission, qui ne devait siéger que pendant la durée

[1] Arch. nat., H. 716. Tableau de la Comté.
[2] Arch. dép., proc.-verb. 1788.
[3] Id., 1687, 1771.
[4] Id., 1718, 1725, 1771, 1782.
[5] Id., 1756, 1783.
[6] Id., 1786 (1re ass.)
[7] Id., 1695.
[8] Id., 1717.
[9] Arch. nat., H. 713-714. Lettre de l'év. de Pamiers. 1782.

des Etats, continuait à se réunir dans le palais épiscopal pour achever ses travaux.

*3. Commissions siégeant dans l'intervalle des
Etats.* — Les deux principales commissions siégeant dans l'intervalle des Etats sont, dans la seconde
moitié du XVIIIe siècle, la commission chargée de
régler les différends des communautés[1] et la commission permanente des chemins[2].

Les commissions étaient très recherchées à cause
des droits de présence. Les nobles étaient payés
10 livres et les roturiers 6 livres ; l'évêque, qui présidait toutes les assemblées particulières, touchait
13 livres 10 sols par jour[3].

4. Abrégé des Etats. — On appelait abrégé des
Etats la commission des affaires urgentes. On lit
dans le préambule de l'arrêt de 1674 : « La province
de Foix prétend être maintenue au droit de pouvoir
nommer des personnes pour pouvoir remédier sans
frais aux affaires pressantes et inopinées qui arrivent
pendant l'intervalle de la convocation des Etats et
que la nomination des huit personnes nommées l'année dernière soit confirmée et approuvée. C'est l'usage
de tous les pays d'Etats et particulièrement des Etats
de Foix, comme il parait par les déclarations des
années 1663, 1665, 1669, 1672 et 1673. » Le roi fai-

---

[1] Beaucoup plus ancienne que la seconde, v. Arch. dép., proc.-
verb. 1697.

[2] Id., 1756. D'après Darmaing, les quatre membres de la commission des chemins étaient « inamovibles ». Arch. nat., H. 715.
Mém. de Darmaing.

[3] Arch. nat., H. 715. Mém. de Darmaing.

sait droit à cette requête et approuvait les nominations de l'évêque de Pamiers, du comte de Rabat, de M. de Dalou, de l'abbé de Boulbonne et d'un consul de chacune des quatre villes maîtresses. Le roi ajoutait : « Avant que les commissaires puissent s'assembler pour les affaires urgentes du pays, ce qu'ils seront obligés de faire sans frais, les syndics généraux seront tenus de présenter requête au gouverneur, dans laquelle ils exposeront le sujet de l'assemblée et des affaires qui doivent s'y traiter. Le gouverneur ne pourra refuser qu'au cas qu'il ne s'agît d'affaires contraires au service de Sa Majesté[1]. »

Comme l'abrégé des Etats devait s'assembler sans frais, il se réunissait à peine une fois tous les dix ans lorsqu'une prompte répartition de fonds l'exigeait[2].

5. *La commission intermédiaire.* — En 1788, le roi demanda à l'assemblée de porter son attention sur les inconvénients des commissions multipliées ; il proposait de renvoyer les différentes affaires à une seule commission, qui existe dans tous les pays d'Etats, sous le nom de commission intermédiaire. Les Etats acceptèrent cette proposition. « Le projet d'une seule commission, dit l'évêque, destinée à remplir toutes les fonctions jusqu'à présent divisées, à faire exécuter les délibérations des Etats, à préparer

---

[1] Arch. nat., H. 715. Articles que la prov. demande être réglés par le roi.

[2] Id., H. 716. Tableau de la Comté (D'Usson. 1780). D'après le « Mém. sur le pays de Foix » (Arch. nat., K. 1162), les consuls et les officiers des Etats, qui assitaient à l'abrégé des Etats, touchaient 4 liv. par jour. A la suite des proc.-verb. de 1706 et de 1707 il y a deux proc.-verb. de l'abrégé des Etats.

les objets qui doivent les occuper à leur prochaine tenue, » présente toutes sortes d'avantages. « Toutes les opérations ont entre elles une liaison intime, toutes les branches de l'administration, n'étant que des parties d'un même tout, doivent se diriger vers un même but. Si elles se trouvent partagées entre différents agents, qui ne concertent pas leurs travaux, mille erreurs funestes, mille fausses démarches sont la suite de ce défaut d'ensemble... » Cette commission préparera avantageusement les travaux de l'assemblée, car, « quand les affaires ne sont point préparées, la discussion en devient plus longue ou la décision plus précipitée. Circonscrites dans des détails journaliers et dans les mêmes opérations qui reviennent chaque année, les assemblées des Etats n'ont ni le temps de connaître les réformes nécessaires ni de se livrer à aucune spéculation avantageuse. Aussi les abus s'éternisent. » L'évêque concluait à la création immédiate de cette commission « qui aurait toutes les parties de l'administration sous ses yeux, qui les aurait constamment suivies et surveillées pendant l'année, qui préparerait aux délibérations des Etats tous les objets dignes d'en être le sujet et leur indiquerait les remèdes, les améliorations dont la réflexion et la pratique lui auraient découvert les avantages. »

La commission fut composée du président-né, de quatre membres de la noblesse, de quatre membres du tiers et des syndics généraux [1].

---

[1] L'évêque d'Agoult, MM. de Roquebrune, d'Arnave, de Brassac et de Cubières; les députés de Saverdun, d'Ax, de Vicdessos et de La Bastide-de-Besplas.

Deux membres de chaque ordre devaient être remplacés de deux en deux ans, afin qu'il y eût toujours quatre commissaires au courant des affaires. On réalisait une économie de 8.000 livres [1].

[1] Arch. dép., proc.-verb. 1783. Pour les dernières séances de la commission intermédiaire v. mon hist. de la Rév. dans le départ. de l'Ariège.

Chapitre VI

RAPPORTS DES ÉTATS AVEC LE ROI,

LE COMMISSAIRE DU ROI ET L'INTENDANT

---

1. Rapports des Etats avec le roi. 2. Rapports des Etats
avec le commissaire du roi. 3. Rapports des Etats avec
l'intendant.

1. Rapports des Etats avec le roi. — Les rois,
héritiers des Comtes, ont promis, par lettres patentes,
de conserver les privilèges du pays et de laisser aux
Etats la libre administration du Comté. Les rois doivent donc conserver ces Etats et veiller même à ce
que l'organisation première, « l'établissement des
Comtes » ne subisse aucune atteinte; toutefois, par
droit de souveraineté, ils peuvent modifier la composition de l'assemblée. Ils peuvent accorder ou supprimer des entrées nobles ou roturières, transporter
les droits d'entrée d'une terre ou d'une communauté
à d'autres ; ils peuvent même accorder « personnellement » cette entrée dans un pays où la terre
seule donne ce droit [1].

Le roi réglemente les Etats. Les seuls règlements
connus sont le recueil des arrêts de son conseil ; si
les Etats ou les commissaires du roi font des projets

[1] Arch. dép., proc.-verb. 1694.

de règlement, rien n'oblige le roi à les homologuer ;
il ne les reçoit qu'à titre d'indications [1].

Le roi se réserve le droit de convoquer les Etats :
« Ils seront convoqués et assemblés une fois l'an...,
en vertu des lettres patentes, adressées par nous aux
gouverneur, lieutenant général, etc. [2] » « Aucune
convocation ne peut être faite sans le congé du
prince, » dit de Lascazes[3]. Le roi fixait aussi la durée
des Etats [4].

Le roi est l'arbitre naturel des trois ordres [5]. « Les
Etats ne peuvent délibérer sur un objet, dans lequel
les nobles et le tiers se trouvent en parties opposées ;
le seul parti à prendre, c'est que les intéressés se
pourvoient devant le roi [6]. »

Le roi demande, personnellement ou par l'intermédiaire des intendants, des subsides aux Etats et
« en cas que ces demandes soient excessives, MM.
des Etats les réduisent à une juste modération, protestant que le don ou secours offert ou baillé à leur
prince, ores qu'inégal à leur affection, est néanmoins
conforme à la portée de leurs facultés [7]. » Le plus

---

[1] C'est ainsi qu'au XVIIIᵉ siècle, il n'a homologué ni le projet
de règlement des Etats ni celui du marquis d'Usson.

[2] Arch. dép , pièces div., Edit du roi (sept. 1633).

[3] Ch. 26. « Néanmoins les Huguenots, ne reconnaissant aucune
souveraineté, sur la fin de sept. 1575, tinrent par un passe-droit
les Etats dans Saverdun, de leur autorité privée. » Id.

[4] En 1781, il permet une durée de douze à quinze jours. Arch.
dép., proc.-verb. 1781.

[5] Arch. dép., proc.-verb. 1649.

[6] Arch. nat., H. 713-714. Lettre de l'év. de Pamiers. 1782.

[7] De Lascazes, ch. 36, et, dans les proc.-verb., les observations
sur les « Mémoires » du roi ou les « ordonnances » des intendants·

ancien impôt affecté au souverain, la donation [1], était voté, dès l'ouverture de la première séance, « par l'assemblée debout et tête découverte [2]. »

Le roi reçoit les doléances des États ; à l'origine, une députation portait ces doléances au souverain. Les lettres de convocation ont toujours contenu la mention suivante : « Le roi convoque l'assemblée pour ouïr les plaintes et doléances de ses sujets. » Nous lisons dans le préambule de l'arrêt de 1674 : « Le pays de Foix, de tout temps, après chaque tenue d'États, a présenté à Sa Majesté un cahier de doléances. Sa Majesté a toujours eu la bonté d'y répondre et d'y faire droit. La misère du pays a été cause qu'on a interrompu cet usage. » Le roi répond : « Pour ce qui est de porter un cahier, il en sera usé comme il est accoutumé. Le pays étant de trop petite considération pour envoyer des députés, vu d'ailleurs que cela ne s'est jamais pratiqué [3] et que la députation serait à charge du pays, pouvant néanmoins envoyer un mémoire sans députation [4]. » Chaque année, les États faisaient des observations sur les « mémoires » du roi [5] ou les « ordonnances » de l'intendant et ces observations étaient envoyées au roi. Dans les cas exceptionnels, et après en avoir obtenu l'autorisation,

---

[1] Arch. nat., H. 716. Des villes et lieux priv... et États du pays de Foix.

[2] Arch. dép., proc.-verb. 1789.

[3] On envoyait des députés aux Comtes de Foix et aux rois de Navarre.

[4] Arch. nat., H. 715. Articles que la province demande être réglés par le roi.

[5] « Vous avez le privilège de correspondre directement avec le souverain. » Arch. dép., proc.-verb. 1786 (1re ass.)

on pouvait envoyer des députations à l'intendant ou
au roi [1]. Nous avons vu que la province, qui avait
souvent des affaires pendantes au conseil du roi, entretenait deux représentants à Paris ; elle alla même,
en 1612, jusqu'à payer un ministre « qui s'était em-
ployé pour le général du pays [2]. »

Le roi proposait aux Etats des réformes. Cette
assemblée est conservatrice et les progrès ne s'ac-
complissent que sous la pression de la royauté.

C'est le roi qui simplifie la manière de lever l'impôt [3].

C'est le roi qui fait inspecter le trésorier et met un
peu d'ordre dans les finances [4].

C'est au roi que revient l'initiative des grands chemins de la province.

C'est encore le roi qui demande la suppression des
commissions diverses et la création de la commission
intermédiaire.

*2. Rapports des Etats avec le commissaire du
roi.* — Enfin, le roi avait un représentant, « un commissaire » aux Etats, et quelquefois deux, quand il
lui plaisait d'y envoyer son commissaire départi [5].

---

[1] Arch. nat., H. 715, l. c.

[2] 100 pistoles d'or. Arch. dép., pièces div., Quelques papiers qui
regardent le pays de Foix, année 1612.

[3] Arch. dép., proc.-verb. 1785, 1786 (1re ass.) L'édit est de 1784.

[4] C'est pour mettre de l'ordre dans les finances que le roi ordonne
à l'intendant de Montauban d'assister aux Etats de 1688. (Arch.
dép., proc.-verb. 1688) et permet, à la fin du xviiie siècle, au lieutenant général d'assister à toutes les séances. (Arch. nat., H. 713-
714. Rap. et observ. sur les délib. des Etats de 1782).

[5] Arch. nat., K. 1162. Mém. sur le pays de Foix. Le gouverneur
ou son lieutenant s'appelait commissaire principal par opposition

On sait qu'en général, le commissaire du roi se contentait d'ouvrir la séance et qu'il se retirait « pour que l'assemblée pût, en son absence, traiter avec liberté les affaires des Etats, en la forme accoutumée [1]. » Ce n'est qu'à la fin du xviiie siècle, que le commissaire du roi eut l'autorisation d'assister aux séances.

Pendant la tenue des Etats, l'assemblée pouvait consulter le commissaire par une délégation. Le commissaire vidait ordinairement les contestations qui ne méritaient pas l'intervention du roi. En 1638, il y eut une contestation, au sujet de la présidence, entre l'évêque de Mégare, coadjuteur de l'évêque de Pamiers, et l'abbé de Boulbonne. Le commissaire trancha la question en faveur de l'évêque de Mégare. En 1649, diverses contestations s'élèvent au sujet de la députation aux Etats généraux, les Etats suivent l'avis du commissaire. Il intervient encore en 1675, 1677 et 1679, il règle des entrées et donne son avis sur la nomination d'un syndic [2].

Le commissaire avait le droit de suspendre les délibérations ; ce droit fort ancien lui était formellement reconnu par les instructions de 1782 [3]. Il devait encore « veiller à l'exécution des règlements, arrêts

---

avec l'intendant, ou commissaire départi, qui n'était que second commissaire. Arch. nat., H. 713-714. Mém. de R. de Saint-Sauveur. 1781.

[1] Arch. dép., pièces div., Table des mat. les pl. import. contenues dans les verbaux, année 1733.

[2] Arch. dép., pièces div., Commissaire du roi. L'assemblée a le droit de faire vider les contestations par le commissaire du roi.

[3] Arch. nat., K. 687. Observ. sur les représ. des Et. de Foix à l'occas. de la dém. de leurs syndics.

du conseil, ordres du roi et laisser à l'administration, dans certains cas, à juger si les États n'abusent pas du pouvoir qui leur est donné ou s'ils n'ont pas mal vu pour leur propre bien et n'ont pas mis de partialité dans les délibérations [1]. »

Quand la session était terminée, les États en corps portaient au commissaire du roi le procès-verbal de leurs délibérations. Le commissaire écrivait sur la dernière page : « J'approuve les susdites délibérations, sous le bon plaisir du roi [2]. » On pouvait dès lors imposer les sommes contenues dans les délibérations. Mais il pouvait refuser son visa et en référer au roi [3].

Le plus souvent les commissaires du roi n'ont joué qu'un rôle décoratif. On a même dit, au xviiᵉ siècle, qu'ils précipitaient l'ouverture des sessions « seulement pour toucher les appointements que les États ont coutume de leur accorder [4]. » Cependant, au xviiᵉ siècle, les commissaires du roi prennent quelquefois leur rôle au sérieux et entrent en conflit avec les États.

En 1638, les États se plaignent au roi « des violences exercées par son commissaire contre leurs libertés » ; le gouverneur a fait enfermer, au château de Foix, un membre du haut banc, sans formes de justice ; le roi est prié d'inviter le gouverneur à « traiter la noblesse selon ses mérites [5]. »

---

[1] Arch. nat., l. c.
[2] Dernières lignes des proc. verb.
[3] Arch. nat., K. 687, l. c.
[4] Arch. dép., pièces div., Proj. de réf.
[5] Arch. dép., proc.-verb. 1638.

En 1657, 1658, 1659 et 1660, le gouverneur, comte de Tréville[1], et le commandant du château, Lafleurique, eurent de graves démêlés avec les Etats.

Le comte de Tréville s'installait, pendant les sessions, au château de Foix et, à la tête de la garnison, il terrorisait les Etats. Il avait les consuls de Foix dans son absolue dépendance et il obligeait les députés à venir lui rendre compte de tout ce qui passait dans l'assemblée. Malgré la détresse du pays, il se fit voter des appointements de 1.600 livres.

Le commandant du château, Lafleurique, qui remplissait en son absence les fonctions de commissaire du roi, était son complice. Lafleurique était un simple soldat de fortune, de basse naissance et sans emploi considérable dans les armées ; les prélats et les barons étaient humiliés de faire visite à un personnage de cette condition.

En 1657, bien que la clôture des Etats eût été prononcée, Lafleurique fit fermer les portes de la ville, obligea les membres de l'assemblée à se réunir de nouveau et à voter différentes sommes[2].

En 1658, grâce à la malveillance du commandant du château et des consuls de Foix, les membres de la noblesse ne purent trouver où se loger. Après la messe de rentrée, quand l'évêque traversa la place

---

[1] Ou de Troisvilles, né à Oloron vers 1599. V. Jaurgain, le cap. de Troisvilles ; d'Artagnan ; Athos, Porthos et Aramis. Rev. de Béarn, Navarre, etc., t. 1er. — Haristoy, Arnaud-Jean de Peyré, 1er comte de Trois-villes et cap. des mousquetaires des rois Louis XIII et XIV, connu sous le nom de Troisvilles ou de Tréville, (1599-1672) (dans les rech. hist. sur le pays basque, t. 2. Bayonne, Lasserre ; Paris, Champion).

[2] Arch. dép., pièces div., Déput. d'un syndic au roi.

publique en rochet et camail, il fut abordé par un
sergent que lui envoyaient les consuls : « J'ai ordre
de mes maîtres, dit-il, de remettre cela à vous-mê-
me. » C'était un acte que lui signifiaient les consuls.
L'évêque le lut à l'assemblée, il fut trouvé « plein de
faussetés, contraire aux délibérations des Etats et
rempli d'injures contre l'assemblée et son président. »
Il contenait même des menaces contre la noblesse et
certains membres du tiers. Séance tenante, l'assemblée adressa une plainte à Lafleurique, commissaire
du roi ; comme elle ne recevait pas une réponse sa-
tisfaisante, elle décida de se séparer et d'aller siéger
dans une autre ville [1].

Elle se réunit, le 20 décembre, à La Bastide-de-Sérou [2]. Le roi avait ordonné à un consul de Foix de
faire une réparation d'honneur. Le consul refusa de
se présenter. L'assemblée décida que les consuls de
Foix seraient à jamais privés de l'entrée aux Etats,
comptes et cotises et que les Etats ne se tiendraient
plus à Foix, où ils n'étaient pas libres [3].

Il ne fut pas tenu compte de cette délibération et
l'année suivante, le comte de Tréville demanda à
l'assemblée si, l'année précédente, personne de la
ville ou du château n'avait rien fait pour troubler la
liberté des suffrages. « Qu'on le déclare, dit-il, et je
ferai dresser l'instruction par le juge-mage. » Personne

---

[1] L'injure fut faite à l'évêque le 7 octobre. Arch. dép., proc.-
verb. 1658.

[2] Convoquée à La Bastide par arrêt du conseil d'en haut tenu à
Lyon, 1658. M. de Durban était commissaire du roi.

[3] Arch. dép., proc.-verb. 1658 et pièces div., Dép. d'un syndic
au roi.

ne répondit. L'évêque se leva alors et, entre autres griefs, il se plaignit que, l'année précédente, après la tenue des Etats, quand, revêtu du camail et du rochet et suivi de l'assemblée, il fit une visite au gouverneur, le gouverneur ne vint pas le recevoir à la porte et ne l'accompagna pas hors de sa chambre, ce qui n'était jamais arrivé à aucun de ses prédécesseurs. Le gouverneur répondit qu'il continuerait à agir de même. Après la clôture, l'évêque refusa d'aller faire au gouverneur le rapport d'usage. Mais l'assemblée envoya une députation conduite par M. de Mauléon-Durban et le gouverneur la reçut avec les honneurs traditionnels [1].

Dans le courant de 1660, Tréville fit emprisonner le trésorier et le mit au pain et à l'eau parce qu'il n'exécutait pas ses volontés. Il fallut un ordre du roi pour le mettre en liberté. Quand le gouverneur exposait les demandes du roi, il menaçait de se faire obéir par la force et disait aux membres des Etats qu'il les jetterait en prison s'ils ne consentaient pas à ses prétentions. Enfin, contrairement aux privilèges du pays et des communautés, il choisit lui-même les consuls dans tout le Comté pour être maître des suffrages du tiers. L'évêque se mit sous la protection du roi, car sa personne et celles de ses amis n'étaient plus en sûreté [2].

Tréville partit en 1660, mais il laissait son autorité

---

[1] Arch. dép., proc.-verb. 1659. Cf. pièces div., Dép. d'un syndic au roi : « En l'année 1659, le comte de Tréville fit divers affronts aux députés des Etats, leur refusant les civilités ordinaires. »

[2] Arch. dép., pièces div., Dép. d'un syndic au roi.

à Lafleurique [1]. Les séances de 1661 furent troublées [2] ; tout le monde parlait à la fois et le président dut infliger des punitions pécuniaires pour faire observer le règlement [3]. La chambre des comptes s'était tenue à Tarascon pour n'être pas dominée par le château, Lafleurique ne lui signifia pas moins un acte contraire aux privilèges du pays. Il fut un détestable tyran : il se fit donner de l'argent « par arrêt sur requête », il prêta aux communautés pour les dominer, les consuls de Foix lui obéissaient » par crainte des mauvais traitements » et il fit choisir les deux syndics généraux dans la ville de Foix pour les dominer comme les consuls [4].

En 1673, il y eut un conflit plus grave, qui se continua l'année suivante ; il n'était pas entre un tyranneau de province et les Etats, mais, en réalité, entre l'évêque et le roi. Le roi, en guerre avec l'Espagne, faisait demander par son commissaire la somme de 1.000 livres pour réparer le château de Foix. L'évêque Caulet refusa de mettre cette proposition aux voix. Le roi ordonna par exprès, en 1674, qu'il fût opiné avant toute chose sur ces 1.000 livres. Le gouverneur, qui était alors le comte Roger de Foix, vicomte de Rabat, demanda à l'assemblée de se soumettre aux ordres du roi. L'évêque refusa encore une fois de faire délibérer sur les 1.000 livres. « Il dit que ses raisons étaient au procès-verbal de l'année précédente, que

[1] Arch. dép., id.
[2] Le vicomte de Rabat était commissaire du roi.
[3] Arch. dép., proc.-verb. 1661.
[4] Arch. dép., pièces div., Dép. d'un syndic au roi et proc.-verb.

ses affaires étaient devant Sa Majesté et qu'il n'attendait que son jugement pour s'y soumettre aveuglément. » Le gouverneur lui dit qu'on a relégué d'autres évêques et que pareil sort pourrait bien lui arriver. L'évêque répond qu'il ne craint que Dieu et le péché. — Il faut craindre le roi, dit le gouverneur. — Il faut craindre le roi, autant que Dieu le veut et comme Dieu le veut, répond l'évêque, *regem honorificate*. Il refuse de nouveau de mettre la motion aux voix. A la séance suivante, dès que l'arrivée du commissaire du roi est annoncée, l'évêque se retire. Mais le nombre de ses partisans diminue, presque toute la noblesse et le tiers voudraient que l'on obéisse aux ordres du roi. Le gouverneur prend alors la parole : « Je ne puis comprendre, dit-il, que M. de Pamiers ait quitté l'assemblée dès qu'il a été averti que je devais rentrer, au lieu de me venir recevoir, comme il est accoutumé. C'est un procédé si extraordinaire qu'il est sans exemple qu'un président des Etats quitte l'assemblée lorsque le gouverneur et commissaire, qui représente la personne du roi, y entre pour y porter ses ordres. M. le comte de Rabat [1], je vous charge par exprès de faire opiner sur les 1.000 livres et je ferai savoir au roi la désobéissance que vous et d'autres pourrez faire à ses ordres... » A ce moment, l'évêque de Pamiers rentre dans la salle et il se produit un désordre et une confusion inexprimables, « la plupart prenant la liberté de parler hors de leur rang et sans permission du président. » Le gouverneur se retire ; ni l'évêque ni le comte de Rabat ne

---

[1] Président de l'assemblée, en l'absence de l'évêque et des abbés.

veulent mettre la motion aux voix, mais la généralité de l'assemblée veut obéir aux ordres du roi ; alors
l'évêque, le comte de Rabat et quelques fidèles quit-
tent la salle ; les 1.000 livres sont votées à l'unanimité
des restants. Le gouverneur rentre encore une fois
et s'emporte contre le prélat janséniste : « Plusieurs
membres des Etats, dit-il, m'ont fait des plaintes
sur la manière dont l'évêque traite plusieurs de la
noblesse et du tiers lorsqu'ils opinent en gens de bien
et suivant le désir de leur conscience. — (Le président, M. de Rabat et M. de Dalou battent des mains
pour l'interrompre). — Il y a 25 ans, continue le gouverneur, que j'entre dans cette assemblée par le rang
que mes terres m'y donnent et comme baron, et j'y
ai tenu les Etats huit ou neuf fois comme commandant
pour le roi, je n'ai jamais vu qu'on différât d'opinion
sur les affaires que les commissaires proposaient, au
contraire, on quittait toutes les autres. »

Presque tous les membres de la noblesse et du tiers
signèrent une adresse au roi contre l'évêque [1].

Nous trouvons encore un conflit en 1677, l'irascible
Caulet présidait toujours. Le commissaire du roi,
M. de Gères [2], pendant la tenue des Etats, fit fermer,
à 7 heures du soir, deux portes de la ville et garder
les autres par des soldats. Vivement interpellé par
des membres de l'assemblée, le commissaire du roi
répondit qu'il ne voulait porter aucune atteinte à la
liberté des Etats, mais qu'il avait le droit de faire

---

[1] Arch. dép., proc.-verb. 1674. Je n'ai pu trouver le procès-
verbal de 1673.

[2] Il entrait pour la première fois aux Etats.

fermer et garder les portes. Les Etats prirent immédiatement la délibération suivante :

« 1° La commission du roi portant qu'on pourra en toute liberté proposer et opiner sur tout ce qu'on jugera pour le service de Sa Majesté et le bien public, cela ne peut être si, durant la tenue des Etats, les portes de la ville ne sont ouvertes et sans gardes.

« 2° Le lieutenant du roi ne prendra point de connaissance d'aucun département des contributions des gens de guerre [1], ce soin appartenant de droit aux cotisateurs et officiers du pays.

« 3° Suivant le règlement du roi, on laissera une entière liberté aux communautés de faire leurs consuls, pourvu qu'ils ne soient point suspects au service de Sa Majesté.

« 4° M. de Gères se conformera au règlement du roi de 1673 [2]. »

M. de Gères se le tint pour dit et, en 1693, les Etats lui votent 1.250 livres parce qu'il est « très affectionné à la province [3]. »

Depuis cette époque jusqu'à la seconde moitié du XVIIIᵉ siècle, il n'y eut plus de conflits entre les commissaires du roi et les Etats. Mais, par suite de la décadence de la noblesse, de l'effacement des commissaires et de l'éloignement des intendants, les évêques avaient obtenu un pouvoir exorbitant aux Etats

---

[1] Contribution pour les logements des gens de guerre.

[2] Arch. dép., proc.-verb. 1677. Pendant cette session, Caulet eut une violente altercation avec le vicomte de Rabat, qui siégeait en qualité de baron et dont il refusa de mettre une motion aux voix ; l'affaire fut portée devant le roi. Id.

[3] Id., 1693.

et dans le Comté ; comme les finances étaient dans
le plus grand désordre, le commissaire du roi, le
marquis d'Usson, demanda et obtint de jouer un rôle
effectif dans l'assemblée.

Il rédigea un projet de règlement [1], par lequel il
essayait de rendre à la noblesse son importance et
au tiers sa liberté d'action, il demandait pour lui
l'entrée des États et des chambres. Il obtint gain de
cause sur ces deux points seulement. L'évêque fit
proposer par une commission à sa dévotion d'autres
règlements, ce qui eut pour effet d'annihiler les projets du lieutenant général [2]. D'ailleurs l'intendant,
mécontent du rôle amoindri que le marquis d'Usson
lui réservait, ne fut pas favorable à cette réforme.
« Ce projet de règlement, dit-il, me paraît dressé
dans la vue d'étendre les droits et les pouvoirs du
commissaire principal, en restreignant ceux du président et même de l'assemblée ; le commissaire départi, comme second commissaire du roi, est assez
négligé [3]. »

En 1780, le roi permit à son commissaire principal
d'assister aux États et aux chambres, sans y avoir voix
délibérative [4]. Les États protestèrent, en 1782 et en
1783, « à raison de l'atteinte que l'assistance du commissaire du roi portait aux droits et privilèges de
l'assemblée [5]. » L'évêque écrivait de son côté : « Je

---

[1] Arch. nat., H. 716. Proj. d'un nouv. règl.
[2] Arch. dép., proc.-verb. 1782 et Arch. nat., H. 713-714. Lettre
de l'év. de Pamiers. 2 sept. 1782.
[3] Arch. nat., H. 713-714. Mém. de R. de Saint-Sauveur. 1781.
[4] Id., proc.-verb. de 1780.
[5] Arch. dép., proc.-verb. 1782, 1783.

ne saurais vous exprimer combien la présence du
commissaire aux séances des Etats affecte ou plutôt
humilie cette assemblée ; si la chose continuait, il
serait à craindre que la noblesse ne prît peu à peu
l'habitude de se retirer des Etats [1]. » Tel n'était pas
l'avis du marquis d'Usson qui écrivait : « Le vœu
principal de l'assemblée eût été que le commissaire
assistât à tout jamais aux séances. Le ministre est
instruit des moyens employés pour empêcher que ce
désir ait son exécution [2]. »

Depuis cette époque, le commissaire du roi assista
aux séances de l'assemblée, prit part aux discussions
et joua véritablement le rôle de représentant du gouvernement. Il finit même par se réconcilier avec le
président des Etats et, en 1789, le tiers les accuse
« de s'être réunis pour exercer leur despotisme dans
la province [3]. »

3. Rapports des Etats avec l'intendant. — Qu'il
fût à Montauban, à Perpignan ou à Pau, le second
commissaire ou intendant ne fit jamais sérieusement
sentir son autorité sur une région aussi éloignée du
chef-lieu de la généralité [4]. Si une affaire importante
l'appelait aux Etats de Foix, il se contentait en général d'exposer sa demande à l'assemblée, puis il se
retirait absolument comme le commissaire principal [5].

[1] Arch. nat., H. 713-714. Lettre de l'év. de Pamiers. 11 nov. 1782.

[2] Id., Rap. et observ. sur les Etats de 1782.

[3] Arch. nat., H. 715. Rap. sur les Etats de Foix. 1789. Ce n'était
plus le même évêque.

[4] Arch. nat., H. 716. Mém. de M. de Marseilhas.

[5] Arch. dép., S. C, pièces div. Les intend. aux Etats. Il entrait en
robe de satin et bonnet carré, s'asseyait au banc de la noblesse,

Il faut cependant faire une exception pour M. de la Berchère qui assista aux Etats en 1688, en vertu de deux arrêts du conseil, qui fut présent à toutes les séances et qui signa toutes les délibérations. « Il eut une place distinguée qui semblait l'unir au corps des Etats pour être plus à portée d'éclairer ses démarches et de lui inspirer les règlements qu'on estimait alors nécessaires [1]. »

Les intendants assistèrent rarement aux séances des Etats et plus rarement aux chambres, mais ils exercèrent une réelle influence sur les Etats et l'administration du Comté, sinon comme seconds com-

---

avant le comte de Rabat et à droite du président. Arch. dép., proc.-verb. 1688. En 1710 et en 1786, les deux commissaires assistaient aux Etats. Id., 1710, 1786 (1re ass.)

[1] Arch. dép., S. C, pièces div., Les intend. aux Etats. Un intendant a assisté aux Etats de 1688, 1710, 1711, 1736 et 1786. En 1688, l'intendant avait reçu du roi l'ordre d'assister aux Etats. Voici sa commission d'après le procès-verbal des Etats (janv. 1688) : « Le roi étant informé qu'il a été fait des levées considérables sur les sujets des pays de Béarn, Nébouzan, Foix, Navarre, Bigorre, Marsan et vallées indépendantes et Sa Majesté voulant apporter un règlement certain dans la tenue des Etats et assemblées du pays et la levée des impositions et retrancher, autant qu'il sera possible, les dépenses inutiles, Sa Majesté ordonne que les intendants et commissaires départis de ces divers pays assisteront chacun, dans l'étendue de leur département, à la tenue des Etats ou assemblées du pays et à toutes les délibérations qui s'y feront la présente année 1687 et se feront représenter les règlements faits au conseil au sujet des Etats, ensemble les registres et délibérations desdits Etats, les états d'impositions et levées qui ont été faites sur le pays depuis dix ans et les comptes rendus par les trésoriers et receveurs, pour être le tout examiné avec leur avis sur les règlements qu'ils estimeront devoir être faits. » Un règlement financier suivit cette inspection.

missaires du roi, du moins en tant que dépositaires, dans la généralité, de sa toute puissance.

Ils sont représentés dans le Comté par deux subdélégués, dont l'un est à Foix et l'autre à Pamiers.

Jusqu'à la nomination des consuls par le roi, le rôle des subdélégués est secondaire et les procès-verbaux ne les mentionnent même pas, les Etats ayant l'habitude de s'adresser directement à l'intendant. Mais leur rôle fut considérable quand le roi se fut réservé la nomination des consuls. « Ce sont les subdélégués qui choisissent les maires et les échevins » qui représenteront le tiers aux Etats. Nous avons vu avec quelle désinvolture l'évêque gagna les subdélégués. Quand le subdélégué n'était pas son homme, l'évêque n'hésitait pas à le dénoncer à l'intendant. « Votre subdélégué, écrit-il en 1777, ne mérite nullement votre confiance [1]. »

C'est à l'intendant que s'adressent les Etats, comme au représentant direct du roi.

Généralement l'intendant demande les taxes au nom du roi, les Etats répondent à son « ordonnance »; le plus souvent ils lui demandent des diminutions de taxes et lui font connaître, par écrit ou par députation, la misère du pays [2].

Ils lui dénoncent les abus des agents du roi chargés de lever les impôts du suzerain [3].

C'est à son tribunal que mille affaires de la province sont pendantes [4] et la plupart des délégations

[1] Arch. dép., S. C, aff. mun. Lettre de l'év. de Pamiers.
[2] Arch. dép., proc.-verb. 1693, 1697, 1706, 1712.
[3] Id., 1682, 1686.
[4] Id., 1679, 1707, 1724.

ont pour objet de hâter le jugement de ces affaires[1].

Ils lui écrivent pour l'éclairer sur des mesures administratives; par exemple, si des troupes doivent traverser le Comté, ils lui indiquent l'itinéraire le moins onéreux pour le pays[2].

Ils lui écrivent encore au sujet de l'application des édits.

Aussi les Etats sont-ils pleins de déférence pour ces puissants personnages. Quand une nouvel intendant est nommé[3] ou quand une affaire urgente l'exige, ils lui envoient à grand frais une députation composée des quatre premiers nobles, des députés des villes maîtresses et des officiers des Etats, pour le saluer[4], pour solliciter sa protection[5] ou celle du roi et pour lui faire connaître les privilèges de la province[6]. Ce n'est qu'en 1786[7], que l'intendant de la généralité de Pau fit savoir aux Etats qu'il ne désirait pas recevoir de délégation à son arrivée[8].

[1] Arch. dép., id., 1709.

[2] Id., 1693.

[3] Arch. nat., H. 716. Proj. de règl.

[4] Arch. dép., proc.-verb. 1718, 1725, 1754.

[5] Id., 1688, 1713.

[6] Id., 1678, 1683.

[7] Id., 1786 (1re ass.)

[8] Les appointements du gouverneur, qui étaient de 4.500 liv., furent portés à 6.000, en 1633 (Table des matières les pl. imp. contenues dans les verb, année 1633), puis à 9.000, plus 3.000 liv. pour l'entretien des gardes en 1666. (Arch. dép., proc..verb. 1675 et 1789). L'arrêt du conseil de 1666 fixa à 1.000 liv. l'indemnité du commissaire du roi. (Id.) Il touchait encore 3.000 liv. quand il était lieutenant général (Arch. dép., proc -verb. 1713 et 1789) ; il avait quelquefois 100 liv. pour son secrétaire (id., 1675). Le major du château touchait 300 liv. L'intendant n'était payé que s'il était commissaire du roi.

Chapitre VII

SÉANCES DES ETATS.

RÈGLEMENTS INTÉRIEURS. CÉRÉMONIAL

———

1. Séances des Etats. 2. Règlements intérieurs. 3. Repas, réjouissances et services funèbres.

1. Séances des Etats. — Avant le xvii⁰ siècle, les Etats s'étaient réunis le plus souvent à Foix, mais aussi à Mazères, à Varilhes, à La Bastide-de-Sérou [1] et ailleurs. Foix prétendait avoir le privilège de la tenue des Etats; mais l'assemblée n'admit jamais ces prétentions; elle demanda même au roi que la convocation se fît alternativement dans les principales villes de la province. Le roi répondit, en 1674, que « les Etats seraient tenus dans la ville où ils avaient coutume d'être [2]. » Sans toucher à la question de principe, le roi tranchait le différend en faveur de Foix. En fait, dans le courant des xvii⁰ et xviii⁰ siècles, les Etats ne se réunissent qu'à Foix, exception faite pour les années 1655 et 1658, où ils se réunissent à Varilhes et à La Bastide [3].

[1] Arch. dép., pièces div., Dép. d'un syndic au roi.

[2] Arch. nat., H. 715. Art. que la prov. de Foix demande être réglés par le roi. 1674.

[3] En 1655, ils se réunissent à Varilhes parce qu'il y a une maladie contagieuse à Foix; en 1658, ils se réunissent à La Bastide à cause de l'affront fait à l'évêque par les consuls de Foix. Arch.

C'est dans la grande salle de la maison consulaire que s'assemblent les trois ordres [1]. La salle est tapissée de drap bleu, parsemé de fleurs de lis avec les armes du roi. Sur le mur du fond, derrière le président, on voit « la passion figurée du Christ [2]. » Le président, les abbés, le commissaire du roi et le premier baron siègent sur des gradins élevés. Devant eux, un peu plus bas, sont les officiers des Etats, à droite et à gauche, sur de hauts bancs auxquels on accède par des gradins, les représentants de la noblesse. Enfin les députés du tiers sont assis au parterre, dans l'ordre du catalogue, sur des bancs rangés de droite et de gauche et le long des murs [3].

Au xviie siècle, les Etats se réunissaient ordinairement en juillet et en août ; cette date fut reportée plus tard en novembre, comme dans le Languedoc, à cause des travaux de la récolte [4]. Les sessions duraient d'abord huit jours, on les réduisit ensuite à trois [5], pour les porter à 12 ou 15 jours à l'époque des grands travaux de vicinalité [6]. Malgré l'abstention d'un

dép., proc.-verb. fév. 1655 (La Bastide), sept. 1655 (Varilhes), 1658 (La Bastide). D'après le Proj. de réf., les Etats auraient été convoqués une fois dans le Couserans, où l'évêque était en ordination ; la date n'est pas indiquée. Arch. dép., pièces div., Proj. de réf.

[1] Arch. dép., proc.-verb. 1688.

[2] Id., 1680.

[3] Arch. nat., H. 716. Plan de la salle des Etats. Arch. dép., proc.-verb. 1688. Le public n'était pas admis aux séances. Id., 1651. Les consuls de Foix devaient trouver des logements pour MM. de la noblesse et du tiers. Id., 1658, 1679, 1785.

[4] Arch. dép., pièces div., Proj. de réf.

[5] Arch. nat., H. 716. Etats du pays de Foix.

[6] Arch. nat., H. 713-714. Proc.-verb. de 1781.

grand nombre de membres du clergé et de la noblesse, l'assemblée était fort nombreuse à cause des assesseurs du tiers. Elle contrastait avec l'assemblée du Languedoc qui ne comptait que 88 personnes : 22 évêques, 22 gentilshommes et 44 représentants du tiers, « bien que le moindre diocèse du Languedoc surpassât en force et en étendue tout le pays de Foix [1]. »

Le commissaire du roi ne convoquait pas l'assemblée à époques fixes, de sorte que souvent l'évêque, en tournée épiscopale, devait tout interrompre pour venir à Foix [2].

Les Etats s'ouvraient généralement le lundi. La veille, le commissaire du roi avait été reçu par le conseil de ville à son entrée dans la capitale du Comté. Il se rendait au château [3] dans la grande salle que les consuls lui avaient fait préparer ; c'est là qu'il recevait la visite de tous les membres des Etats conduits par le président. Les Etats avaient, au préalable, fait une visite à l'évêque et au premier baron qui se joignaient à eux pour se rendre chez le commissaire du roi. Le commissaire rendait la visite au président et au premier baron.

Pendant la visite, l'évêque convenait avec le commissaire de l'heure de la messe du Saint-Esprit. La messe était célébrée le jour de l'ouverture. Après la messe, le commissaire principal, ayant à sa droite le commissaire départi et le président à sa gauche [4]

---

[1] Arch. dép., pièces div., Proj. de réf.
[2] Id.
[3] Depuis M. de Tréville qui inaugura cet usage.
[4] Si le commissaire départi était absent, l'évêque prenait la droite et le premier baron le remplaçait à gauche.

allait à la salle des séances précédé de ses gardes et suivi du corps des Etats.

Arrivés à l'hôtel de ville, chacun prenait place selon son rang ; les commissaires se couvraient, le syndic d'année prenait la parole et rappelait à l'assemblée ses devoirs, puis il requérait la lecture des lettres patentes et du catalogue.

Le commissaire principal saluait alors l'assemblée, lui notifiait les ordres du roi, l'exhortait à remplir ses vues et à mériter sa bienveillance, en travaillant au bien d'une province dont le roi avait bien voulu lui conserver l'administration. Le président lui répondait, puis le commissaire prononçait défaut contre les absents et se retirait. Il était accompagné par les Etats en corps, le président en tête, jusqu'à la porte de la rue.

Rentrés dans la salle, les Etats envoyaient une députation[1] au commissaire du roi pour le complimenter. Le commissaire, averti de son arrivée par un syndic, allait la recevoir à la porte de la cour du château et la reconduisait jusqu'à la dernière porte[2].

Au retour de la députation, la séance commençait. L'assemblée vérifiait les procurations des membres des Etats et le président ordonnait de lire les règlements [3], puis il nommait les membres des commissions. On levait alors la séance et les commissions se réunissaient. Les heures des séances des Etats n'étaient pas fixées d'avance ; le matin, le président indiquait l'heure approximative de la séance du soir

---

[1] De quatre membres de la noblesse et de quatre du tiers.

[2] Arch. nat., K. 687. Proj. d'un nouv. règl.

[3] Cet usage tomba en désuétude.

et le soir celle du lendemain. Souvent l'évêque, retenu par une affaire imprévue, faisait attendre les membres des Etats pendant plus de deux heures. Les séances pouvaient se prolonger fort avant dans la nuit et alors les députés se retiraient subrepticement ou dormaient sur leurs bancs. On se bornait le plus souvent à la lecture des rapports des commissions et on votait à la hâte l'avis de la commission qui était généralement celui de l'évêque [1].

Quand l'assemblée avait terminé ses travaux, elle se rendait en corps au château pour visiter le commissaire du roi qui venait la recevoir dans la cour et au bas degré et la conduisait dans la grande salle. L'évêque disait alors au commissaire : « Les Etats du pays de Foix en corps viennent vous rendre compte de ce qu'ils ont fait dans leur assemblée, ils ont délibéré les impositions ordinaires portées par la commission du roi, ils vous supplient très humblement de les agréer et de les permettre avec les autres frais et de vouloir bien assurer Sa Majesté de leur soumission et obéissance pour tous ses ordres. » Le commissaire répondait que sous le bon plaisir du roi, auquel il donnerait avis des bonnes intentions de l'assemblée, il acceptait lesdites délibérations et permettait l'imposition des sommes y contenues. L'assemblée par la bouche du président le remerciait très humblement. Le commissaire accompagnait les membres des Etats jusqu'à la porte de la rue.

De là, les membres des Etats en corps accompa-

---

[1] Arch. nat., H. 715. Mém. de Darmaing. Cf. H. 716. Tableau de la Comté et Projet d'un nouv. règl. (d'Usson).

gnaient le président chez lui, c'est-à-dire à la salle
des séances ; là, par la bouche du premier baron, ils
le saluaient et le remerciaient de ses soins et de son
zèle pour le bien public ; les membres des Etats
accompagnaient encore le premier baron chez lui,
toujours avec le même cérémonial, puis chacun se
retirait séparément [1].

2. *Les règlements intérieurs.* — Je n'ai pas
retrouvé ces anciens règlements que l'évêque devait
faire lire à la première séance, mais il n'est pas
difficile d'en reconstituer approximativement les principaux articles :

Les Etats ne peuvent délibérer que « tous les ordres
assemblés [2]. » Sauf dans des cas rares et tout à fait
spéciaux, il n'y a pas de chambre pour chaque ordre
aux Etats de Foix. Mais si, sur une question, la noblesse était d'un avis et le tiers d'un autre, les Etats
ne pouvaient prendre de délibération et les intéressés
devaient se pourvoir devant le roi [3].

Nulle proposition ne peut être faite qu'en présence
du président et de son aveu [4]. En général, les propo-

---

[1] Arch. nat., K. 687. Projet d'un nouv. règl. Arch. dép., proc.-
verb. janv. 1688.

[2] Acoquat, l. c., p. 14.

[3] Arch. nat., H. 713-714. Lettre de l'év. de Pamiers. 11 nov. 1782.

[4] En 1677, l'évêque refuse de mettre aux voix une proposition
de M. de Rabat. — D'Usson propose de modifier cet article du règlement : « Nulle proposition ne pourra se faire aux Etats que de
l'aveu du président, lequel ne pourra s'y refuser en quelque manière que ce soit que dans le cas qu'il y eût quelque chose de
contraire au service du roi, aux bonnes mœurs et au bien du
pays... » Il dit en note : « On a ajouté ceci pour que le président
ne soit pas juge et partie. » Arch. nat., H. 716. Proj. d'un nouv.
règl. Cf. Arch. dép., proc.-verb. 1677.

sitions étaient faites par les commissions, le président, le chef de la noblesse et les consuls des quatre
villes maîtresses, le premier consul de Foix parlant
en leur nom. Ces propositions étaient remises aux
syndics qui en faisaient rapport à l'assemblée. Tout
le monde avait le droit de parler pendant la discussion,
mais il fallait demander la parole au président. On
appelait ensuite le catalogue [1] et chacun donnait son
avis qui pouvait être motivé [2]. On ne devait interrompre sans aucun prétexte. Tout membre pouvait revenir
sur l'avis qu'il avait donné pour se référer à l'avis
d'un autre, mais nul ne devait rétracter son opinion
quand le catalogue avait été appelé entièrement et
les voix comptées [3]. On ne pouvait mettre de nouveau
en délibération ce qui avait été une fois réglé [4].

Ceux dont on discutait les intérêts particuliers ne
pouvaient prendre part au vote. Malheureusement
ils restaient dans la salle et leur présence seule
influençait l'assemblée. Au XVIIᵉ et au XVIIIᵉ siècles, on demanda vainement la réforme de cet article [5]. Quoique, en principe, tous les membres eussent
pleine liberté de « proposer et opiner », en fait que
de voix étaient serves du président et de la noblesse !
Le marquis d'Usson voulait ajouter au règlement

---

[1] On trouve, dans les proc.-verb., les expressions suivantes:
« les voix ayant été appelées », « les voix ayant couru. »

[2] Le président donnait le premier son avis. Arch. nat., H. 716.
Mém. de M. de Marseilhas.

[3] Arch. nat., H. 716. Proj. d'un nouv. règl. (d'Usson). Arch.
dép., proc.-verb. 1745.

[4] Id., 1677.

[5] Arch. dép., pièces div., Proj. de réf. Arch. nat., H. 716. Proj.
d'un nouv. règl.

l'article suivant : « On ne pourra dans aucun cas, soit par menaces ou séductions, capter les suffrages. » « Cet article, disait-il, est d'autant plus nécessaire que ce qu'on y prévoit arrive journellement [1]. »

En cas de troubles et d'obstruction, le commissaire du roi peut ajourner les Etats. Un règlement de 1661 punissait d'une amende de 30 sols le noble et de 20 sols le roturier qui parlaient sans l'autorisation du président ou avant leur tour lorsqu'on appelait le catalogue [2].

3. Repas, réjouissances et services funèbres. — Pour l'ouverture et la clôture de l'assemblée, pour les messes, fêtes et festins, les membres des Etats devaient être en costume de cérémonie. Les évêques avaient le rochet et le camail et s'appuyaient sur un prie-Dieu [3]; les abbés étaient en soutane, manteau long et bonnet carré [4] ; la noblesse avait le costume et le manteau spécial à son ordre ; les consuls étaient en « chaperon et manteau noir [5] » ; les commissaires du roi avaient le manteau et la cravate [6]; les syndics la robe et le rabat [7]. Mais les membres des Etats ne revêtaient pas toujours ces brillants costumes ; le marquis d'Usson remarque que la plus grande

[1] Arch. nat., H. 716. Proj. d'un nouv. règl.

[2] Arch. dép., proc.-verb. 1661.

[3] Arch. nat., K. 687. Projet d'un nouv. règl. Arch. dép., proc.-verb. 1659.

[4] Id., 1693 et Arch. dép., pièces div. Lettre de l'évêque au marquis de Châteauneuf. 1690.

[5] Foix, dél. mun., 1711.

[6] Arch. nat., K. 687. Proj. d'un nouv. règl.

[7] Arch. nat., H. 716. Proj. d'un nouv. règl.

négligence « régnait à tout ce qui tient à l'apparat
extérieur, ce qui déprimait aux yeux du peuple les
fonctions augustes de l'assemblée. » Il prétend que
les consuls des villages étaient en cape de Béarn et
en bonnet [1].

Il y avait trois dîners pendant la tenue des Etats.
Le lundi, jour de l'ouverture, on dînait chez le commissaire du roi, le mardi chez le président et le mer-
credi chez le premier baron. Les commissaires et
l'évêque avaient un fauteuil ; si un abbé ou un gentilhomme présidait, il n'avait qu'une chaise à dos.
On buvait à la santé du roi, de sa chère aimée femme
et reine et de la famille royale [2].

Les Etats ordonnaient des réjouissances en l'honneur des victoires du roi ou du dauphin, ils faisaient
allumer des feux de joie, tirer l'artillerie du château
et chanter des *te Deum* [3].

Les Etats inauguraient leurs travaux par une messe
solennelle pendant laquelle on observait un cérémonial particulier.

Le premier baron occupait la première stalle du
côté de l'épître, le premier abbé la première stalle du
côté de l'évangile et la noblesse à leur suite ; les
députés du tiers étaient dans des stalles basses, suivant l'ordre du catalogue, alternativement l'un d'un
côté, l'autre de l'autre ; les officiers de la province
étaient au milieu.

. Le président des Etats et les commissaires étaient
reçus à la porte par un prêtre en chape, assisté d'un

---

[1] Arch. nat., id.
[2] Arch. nat., K. 687. Proj. d'un nouv. règl.
[3] Arch. dép., proc.-verb. 1667, 1688 (2e ass.)

diacre et d'un sous-diacre qui leur présentaient l'eau bénite. Ils prenaient place dans le sanctuaire sur trois fauteuils, devant lesquels étaient trois prie-Dieu [1].

Les gardes du commissaire principal s'emparaient des portes du chœur, ils avaient un pied dans le chœur et un pied dehors.

La grand'messe était célébrée suivant « le cérémonial des évêques. » Le thuriféraire encensait de trois coups les commissaires et l'évêque et de deux coups les membres de la noblesse et du tiers [2].

Il était d'usage de faire un service funèbre solennel quand un roi, une reine, un dauphin, un gouverneur, un président des Etats étaient morts dans l'année [3].

Voici le cérémonial observé, le 13 mars 1716, pour le service funèbre célébré à l'occasion de la mort de Louis XIV. L'abbé de Boulbonne, président, se rendit à l'église et MM. de la noblesse et du tiers au château, où ils furent reçus par le commissaire du roi. Des prêtres simulent l'enlèvement du corps. Le cortège se dirige vers l'église, les prêtres en tête, suivis de quatre gentilshommes, habillés de noir, qui portaient le drap mortuaire ; puis venait le commissaire du roi précédé de ses gardes, en habit de deuil et manteau

---

[1] Si un abbé présidait, il n'avait qu'une chaise à dos.

[2] Arch. nat., K. 687. Id., Arch. dép., proc.-verb. 1782. « La messe des Etats s'est toujours dite d'une manière peu décente, on s'est contenté jusqu'ici d'une messe basse, les membres des Etats, épars dans le chœur ou la nef, y venaient ou n'y venaient pas. » Arch. nat., H. 716. Proj. d'un nouv. règl. (d'Usson).

[3] Ou quand un membre des Etats mourait pendant la session. Arch. dép., proc.-verb. 1683, 1688, 1699, 1711, 1715, 1718, 1742, 1751, 1768, 1779, 1782.

long ; le premier baron était à sa gauche en habit
et manteau noir, la noblesse et le tiers marchaient
ensuite dans l'ordre du catalogue. Le chœur de l'église
avait été transformé en chapelle ardente. Le commissaire du roi prit place dans le chœur, à droite sur la
première forme en haut, près de l'autel ; l'abbé de
Boulbonne en face ; la noblesse sur les autres hautes
formes ; les consuls de Foix et les officiers des Etats
sur les basses formes ; les députés du tiers sur des
sièges, dans la nef, à l'entrée du chœur. Quand on
fut à l'offrande, un des syndics alla prendre le
baron des Etats à sa place, le conduisit au bas de
l'autel et lui présenta le cierge de l'offrande. Le baron
le reçut et fit l'offrande, le syndic le reconduisit à sa
place. L'autre consul en fit autant pour le premier
consul de Foix en robe. Après la préface, les syndics
distribuèrent, chacun de son côté, des cierges à tout
le clergé. Un carme de Toulouse prononça l'oraison
funèbre du feu roi [1].

En 1768, on suivit le même cérémonial pour le
service funèbre de la reine ; les Etats firent en outre
distribuer, par les soins de l'évêque, 600 livres aux
pauvres des paroisses de la province.

---

[1] On lui donna 100 liv. En 1751, on fait un service pour le repos
de l'âme du comte de Ségur, gouverneur de la province, l'oraison
funèbre est prononcée par Darmaing, prébendé du chapitre de
Pamiers, il reçoit 100 liv. La grand' messe est célébrée par le
prieur de l'abbaye, l'évêque président donne ensuite l'absoute.
Arch. dép., proc.-verb. 1715, 1751, 1768.

LIVRE II
ROLE DES ÉTATS

Chapitre Ier
DÉFENSE DES PRIVILÈGES

1. Pays d'États. 2. Privilèges généraux de la province.
3. Privilèges des trois ordres.

1. Pays d'États. — Les provinces, les communautés, les ordres avaient obtenu des souverains, dans le courant des siècles, des privilèges qui furent souvent accrus et confirmés ; c'étaient des chartes qui les garantissaient contre les excès du pouvoir. Dans le Comté de Foix, les Etats sont les gardiens jaloux de ces privilèges et c'est peut être la plus belle de leurs prérogatives.

Le premier de ces privilèges du pays de Foix est de former une province séparée, ayant son administration autonome et ses Etats[1]. Lorsque Henri IV fit

---

[1] Arch. nat.. B⁴ 60. Req. au roi (de la com. interm.) 1789. « Henri IV confirma les droits, coutumes et privilèges du pays de Foix dont le premier et le plus précieux est l'existence de nos Etats et la confirmation de leurs privilèges. »

l'union du Comté à la couronne, par ses lettres patentes de février 1608, il confirma le pays et ses habitants en tous leurs privilèges, droits et exemptions
et notamment « au droit de faire un corps d'état
séparé des autres pays. » Louis XIII, par ses lettres
patentes de mars 1612, accorde la confirmation générale des mêmes privilèges, franchises et exemptions
« et précisément de leur faculté accoutumée pour la
convocation et tenue de leurs Etats particuliers[1]. »
En 1615, les députés aux Etats généraux, qui crai-
gnaient que leur pays ne fût réuni au Languedoc,
obtiennent une nouvelle confirmation de leurs privilèges. Le roi déclara que le Comté « demeurerait
pays d'Etats, gouvernement et sénéchaussée séparés
de tous autres, faisant corps à part, le sénéchal et
gouverneur ne relevant que de lui[2]. » Vers la fin du
XVIIe siècle, l'intendant de Montauban ayant demandé
150 hommes de milice au Comté, parce que le roi en
lève 2.500 dans la généralité, les Etats le supplient
de ne pas incorporer ces hommes au régiment de
Guyenne, de crainte que ce ne soit un premier pas
vers une annexion[3].

Il semble que l'existence des Etats ne fut réellement mise en péril qu'en 1634. « Certains partisans,
dit de Lescazes, écumeurs de bourse et ennemis jurés
du repos public dans le pays de Foix, faisaient bruit
d'introduire les Elus au pays de Foix... Ils firent noti-
fier certain arrêt ou édit aux syndics du pays, portant inhibitions et défenses de procéder en aucune

[1] Id., H. 716. Lettres pat. et arrêts.
[2] De Lescazes, ch. 40.
[3] Arch. dép., proc.-verb. 1689.

cotise ni levée de deniers que par ordre exprès desdits Elus. » Les Etats députèrent à la cour le comte
de Rabat qui obtint, le 20 juillet 1634, un arrêt portant confirmation des privilèges et exemption des
Elus[1].

Les Etats avaient leurs privilèges particuliers qui
furent souvent confirmés et quelquefois violés.

L'édit de 1633 portait que « les Etats de Foix joui-
raient des mêmes privilèges, libertés et avantages
dont ils jouissaient ci-devant[2]. » Ces privilèges étaient
contenus dans leurs chartes ou établissements. Ils
furent violés quand certains nobles, que les Comtes
n'avaient pas admis aux Etats, s'y introduisirent
subrepticement et quand des communautés, qui ne
relevaient pas « de la justice et directe » du roi,
obtinrent l'entrée aux Etats. Cette infraction aux privilèges ne s'accomplit pas sans protestations.

Les Etats avaient le droit de délibérer librement.
Nous avons vu que certains commissaires du roi
essayèrent de les asservir, mais qu'ils durent
céder devant l'attitude énergique de l'assemblée.
Même le marquis d'Usson, vers la fin du xviiie siècle,
ne put faire accepter son projet de règlement parce
que, de l'aveu de l'intendant, il touchait à la situation
des choses, aux usages, aux privilèges et aux coutumes du pays[3].

Les Etats avaient le privilège d'administrer le
pays[4] ; ils avaient toute liberté pour nommer leurs

---

[1] De Lescazes, ch. 48
[2] Arch. dép., pièces div., Edit du roi. Sept. 1633.
[3] Arch. nat., H. 713-714. Mém. de R. de Saint-Sauveur. 1781.
[4] « Le pays de Foix est régi par les Etats. » Arch. nat., K. 1162.

officiers. Quand le roi voulut nommer les syndics, les
Etats protestèrent et eurent gain de cause. « C'est
un grand avantage pour cette province, dit en 1688
l'évêque président, c'est un honneur qu'on ne peut
assez estimer que le droit qu'elle a de se gouverner
par ses lois et ses usages et de s'être conservé jusqu'ici ce précieux reste de la haute puissance qu'elle
a vu éclater autrefois dans ses anciens Comtes[1]. »

Enfin le roi ne peut imposer des deniers sans l'autorisation des Etats ; grand avantage encore, dit de
Lescazes, « à comparaison d'autres provinces qui
sont avec toute rigueur contraintes au payement des
subsides et autres impositions, sans autre formalité
que d'un simple commandement[2]. » Un édit de 1633
augmentait le don gratuit et changeait la forme des
impôts, les Etats firent rapporter cet édit[3]. Plus tard,
ils obtinrent souvent des réductions de taxes que
n'avaient par les pays d'élections.

2. *Privilèges généraux de la province.* — Les
Etats n'étaient pas seulement les gardiens de leurs
propres privilèges, ils veillaient encore à ce que les

Mém. sur le pays de Foix. 1739. « L'administration de la province
est confiée aux Etats. » Id., H. 716. Tableau de la Comté (d'Usson).
1780. L'évêque devait rendre compte de sa gestion. L'évêque
Decamps disait aux Etats de 1689 : « Je me suis fait une loi, depuis
que j'ai l'honneur d'être à votre tête, de vous rendre compte, dans
l'assemblée, de ce que je fais dans le cours de l'année, en exécution de vos délibérations ou en qualité de votre président... » Arch.
dép., proc.-verb. 1689.

[1] Arch. dép., id., 1688.

[2] Ch. 33.

[3] Tabl. des mat. les pl. import. contenues dans les verbaux.
Années 1633 et 1634.

privilèges généraux de la province ne reçussent aucune atteinte.

A) *Justice*. Le Présidial de Pamiers, dont la juridiction dépassait les limites du Comté, avait remplacé la sénéchaussée comtale. Il rendait la justice aux habitants du Comté de Foix qui pouvaient appeler de ses arrêts par devant le parlement de Toulouse[1]. Toutefois la chambre des comptes de Pau prenait connaissance des affaires du domaine du roi dans le Comté, comme dépendant de l'ancien royaume de Navarre ; tout ce qui regardait la féodalité relevait aussi de la même chambre, à laquelle les possesseurs de fiefs devaient remettre leurs dénombrements et déclarations[2].

Malgré ces privilèges maintes fois confirmés par des arrêts du conseil, les habitants du Comté étaient souvent assignés devant la cour des aides de Montauban ou les trésoriers de la généralité de Montauban par le fermier du domaine. Les Etats n'ont cessé de protester contre cette irrégularité[3].

Les commis de la foraine méconnaissaient l'existence du maître des ports du Comté, ils assignaient les délinquants devant le juge de Castillon, soi-disant maître des ports de Guyenne, ou devant le maître des ports de Languedoc. Les syndics prirent toujours fait et cause contre les commis[4].

---

[1] Arch. nat., B⁴ 60. Extr. des reg. de délib. de la cour du Présidial. 1788.

[2] Arch. dép., proc.-verb. 1686.

[3] Id., 1686, 1688, 16'6, 1714.

[4] Arch. dép., pièces div., Table des matières les pl. imp. cont. dans les verb , année 1634, et proc.-verb. 1683.

B) *Milice*. Comme frontière d'Espagne, le Comté de Foix fut toujours exempt du tirage au sort de la milice. Il y avait bien un corps de troupes nationales, mais ce corps avait été créé par ordre des gouverneurs et non par une ordonnance du roi ; les officiers n'étaient pas brevetés[1] ; quand le roi demandait des hommes à la généralité, le Comté prenait son contingent dans ce corps ; les Etats veillaient à ce que ce contingent ne fût pas confondu avec les milices des pays limitrophes[2].

c) *Franc-alleu*. Le Comté de Foix était-il de franc-alleu, comme le Languedoc ? Les Etats le prétendaient, mais les fermiers du domaine lui déniaient ce privilège. Dès la seconde moitié du xviie siècle, les Etats ordonnent des recherches touchant le franc-alleu, on fait des voyages et des dépenses considérables pour trouver les actes justificatifs de ce droit. Une délibération de 1683 parle d'une « consultation prise au sujet du franc-alleu, dans lequel le pays a été et se trouve être par la force des actes énoncés dans la consultation. » Les Etats poursuivent en toutes cours et juridictions la confirmation de ce droit[3]. Malgré ces titres, un arrêt du conseil du 7 décembre 1694 taxa le pays de Foix à une somme de 12.000 livres pour être dispensé de toute recherche sur le franc-alleu ; nobles et communautés perdirent

[1] Arch. nat., H. 722. 2. Lettre à l'intendant de la gén. de Pau et Bayonne, (7 mars 1785) et une pièce non datée sur le même sujet.

[2] Arch. dép., proc.-verb. 1707.

[3] Ils prétendent au privilège d'être exemptés des droits de lods et autres. La perte de ce privilège affectait surtout les biens nobles. Acoquat, l. c., p. 18. Arch. dép., proc.-verb. 1683, 1684, 1688.

les procès que leur intentaient les fermiers du domaine[1]. A la fin du XVIIIe siècle, le fisc est plus exi-
geant et les Etats chargent les syndics de se pourvoir
en cassation de toutes les poursuites faites par les
fermiers. M. de Larnat fait un mémoire sur le franc-
alleu avec l'indication des lieux où les titres sont
déposés. Son ouvrage est placé aux archives et on
devait en faire « le meilleur usage possible » dans les
procès pendants[2].

D) *La gabelle*. Un privilège, qui ne fut jamais con-
testé, fut l'exemption de la gabelle. Mais les Etats
eurent plus d'une fois l'occasion de le défendre. En
1602, ils députèrent au roi le baron de Gudanes
parce que les fermiers du sel voulaient les soumettre
à leur juridiction ; ils demandaient qu'il « leur fût
permis d'user de tout sel indifféremment qu'ils pourraient recouvrer du pays de Languedoc, du Comté
de Foix, de Guyenne ou autres lieux, ainsi que bon
leur semblerait. » En 1604, Henri IV « permit aux
habitants du Comté de Foix et de Pamiers de se servir du sel de Languedoc et du pays de Foix, ainsi
que bon leur semblerait et ce, pour leur provision
seulement, sans qu'il leur fût permis de faire aucun
trafic, entrepôts et magasins d'icelui, sous peine d'être
déchus de leurs privilèges[3]. » Les fermiers généraux

---

[1] Arch. dép., S. C, pièces div., Franc-Alleu, Pays de Foix.

[2] Arch. dép., proc.-verb. 1707, 1786 (1re et 2e ass.). Lézat avait
les mêmes prétentions que le Comté, mais il lui fut prouvé que
son anoblissement était usurpé et qu'elle était sans titres ; elle fut
déboutée de ses demandes touchant le franc-alleu, l'extinction
des lods, cens et ventes. Id. 1700.

[3] De Lescazes, ch. 36. Ils pouvaient se servir aussi du sel de
Brouage. Arch. dép., proc.-verb. 1786 (2e ass.).

prétendirent empêcher « que, dans les lieux où il n'y avait ni foire ni marché et qui n'étaient pas à trois lieues de distance du Languedoc, il y eût plus de deux personnes qui vendissent du sel, qu'elles ne pussent en avoir plus de 50 livres et qu'elles ne vendissent aux habitants qu'à demi-coupe du poids de 4 livres. » Les Etats s'opposèrent à cette prétention, mais veillèrent à ce qu'on n'abusât pas du privilège en introduisant frauduleusement du sel dans le Languedoc[1].

En 1786, pendant une crise financière du Comté, le ministre proposa aux Etats de faire acheter et distribuer par la province du sel de Peccais, supérieur aux autres sels marchands. Il serait livré par la ferme générale au prix de 4 livres 9 sols et vendu par la province aux particuliers 10 livres le minot. Au nom du roi, le ministre s'engageait à ne jamais donner au sel de la ferme un privilège exclusif sur les autres sels marchands. La province refusa ces propositions[2].

E) *Commerce.* Le Comté avait des privilèges commerciaux. Il n'y avait pas de douanes entre le Comté de Foix et les provinces françaises avoisinantes. Une lettre patente de 1557, donnée sur la demande du roi de Navarre, exemptait les habitants du Comté de Foix « de tous droits de traite et imposition, foraine, maîtrise, reve et haut-passage, de tous vivres, denrées et marchandises nécessaires pour leurs usages, » sans qu'ils fussent tenus à payer au roi de France aucune chose, à la charge toutefois de rapporter

---

[1] Arch. dép., id.
[2] Arch. dép., id. 1786 (1re ass.).

aux officiers du roi une attestation des jurats des
lieux où lesdites marchandises avaient été débitées
dans le Comté[1].

En 1674, le roi de France leur accordait la liberté
de commerce avec les Espagnols de la frontière,
comme « il l'accordait aux Basques français avec les
Basques espagnols[2]. » Mais cette liberté n'était pas
sans limite et souvent les commis de la foraine
avaient des exigences vexatoires. C'est ainsi qu'en
1685, sans considérer si les marchandises se ven-
daient dans le pays ou passaient en Espagne, ils
exigeaient des marchands « des déclarations à prix
d'argent portant obligation de remettre les marchandises et de les canceler dans certain temps ; ils exigeaient 5 sols pour la dénonce des marchandises et
obligeaient les particuliers à prendre des cartels de
passe pour si peu de marchandises qu'ils achetassent
pour leur usage ; ils obligeaient aussi les bergers
qui conduisaient les troupeaux de la forêt à la plaine
ou de la plaine à la forêt à prendre des cartels sous
les mêmes droits[3]. »

3. *Privilèges des trois ordres.* — Les États
n'étaient pas seulement les défenseurs des privilèges
généraux du pays, ils prenaient encore en main la
défense des privilèges particuliers des trois ordres.

---

[1] Arch. dép., pièces div., Lettre pat. imprimée du 24 juil. 1557.

[2] Arch. nat., H. 715. Art. que la prov. de Foix demande être
réglés par le roi. 1674.

[3] Arch. dép., proc.-verb. 1685. Cf. id., 1681 et 1683. Un autre
privilège défendait de saisir le bétail pour payement « des impositions du pays ». Arch. dép., pièces div., Table des mat les pl.
imp. contenues dans les verbaux. Année 1633.

La noblesse avait des privilèges financiers. Dans la province, « on distinguait les biens en ruraux et en nobles ; » les biens nobles ne payaient presque aucun impôt. La taille et ses accessoires, c'est-à-dire la presque totalité des impôts départis par les Etats, étaient supportés par les biens ruraux. Les nobles possesseurs de biens ruraux payaient la taille, les roturiers possesseurs de biens nobles ne la payaient pas ; « un noble qui possède un bien rural, disait-on, ne peut l'affranchir [1]. » Les biens nobles ne payaient à la fin du xviiie siècle que la dixième partie des vingtièmes, les biens ruraux payaient les neuf autres. Les nobles payaient encore la capitation noble et une minime partie des droits réservés ou droits de consommation [2].

La noblesse avait en outre le droit de percevoir la moitié de la donation dans l'étendue de ses fiefs [3]. Si la chambre des comptes ou la cotise oubliaient l'existence de quelques-uns de ces privilèges, les Etats la leur rappelaient en cassant leurs décisions [4].

Le clergé, quand il ne possédait pas de biens ruraux, ne contribuait à aucune charge de la province [5].

Ni la noblesse ni le clergé « ne devaient aucun droit de péage, coupe et pontonage » ; si les fermiers du roi, les communautés ou des particuliers exigeaient d'eux quelqu'un de ces droits, les syndics prenaient la défense des privilégiés [6].

[1] Arch. nat., H. 716. Etats du pays de Foix.
[2] Acoquat. l. c.
[3] Arch. dép., S. C, pièces div., Mém. p. les Etats de Foix. 1787.
[4] Arch. dép., proc.-verb. 1727.
[5] Acoquat, l. c.
[6] Arch. dép., proc.-verb. 1696.

Les communautés avaient leurs privilèges particuliers contenus dans des chartes que leur avaient
octroyées les anciens souverains du pays; les Etats
veillaient à la conservation de ces privilèges [1] et au
précieux de tous, au droit de choisir librement les
consuls.

On mettait à si haut prix la conservation des privilèges que, lorsqu'on voulait faire l'éloge d'un gouverneur, on disait : « Il a maintenu les habitants en
leurs privilèges tant généraux que particuliers des
villes [2]. »

---

[1] Les Etat pouvaient prendre fait et cause pour les communautés dans les procès. Arch. dép., proc.-verb. 1686.

[2] Arch. dép , pièces div., Quelques papiers qui regardent le
pays de Foix. Année 1598.

Chapitre II

ATTRIBUTIONS FINANCIÈRES

1. Don gratuit. 2. Impôts royaux. 3. Impôts du pays. 4. Charges des trois ordres ; la taille. 5. Règlements financiers.

1. Don gratuit. — Si l'on excepte les droits de suzeraineté que percevait le roi, comme héritier des Comtes [1], aucun impôt ne pouvait être levé sans le consentement des Etats. « Nulle imposition sur le pays ne sera faite que par ordre des Etats et s'ils ne sont pas tenus, lorsque l'occasion d'imposer s'offrira, le gouverneur sera prié de convoquer les trois ordres pour résoudre l'imposition [2]. »

Le plus ancien impôt était la *donation* ou *don gratuit* [3]. « Ce don que les Etats font au roi a été réglé diversement ; » en 1632, 1636 et 1638, il fut fixé à 6.000 écus petits [4].

[1] Les Etats ne s'occupaient de ces droits que pour demander des abonnements ou pour contester le bien fondé de quelques-uns d'entre eux.

[2] Arch. dép., pièces div., Table des mat. les pl. imp. contenues dans les verbaux. Année 1639.

[3] Arch. nat., H 716. Des villes et lieux privilégiés.

[4] Arch. dép., pièces div., Table des mat. les pl. imp. contenues dans les verbaux. Le roi voulut l'augmenter en 1633, mais il retira son édit devant les réclamations des Etats. Id., années 1633 et 1634.

Il fut ensuite fixé invariablement à 7.425 livres, à raison de 3 livres 14 sols 2 deniers par feu [1].

Les anciens Etats imposaient pour les Comtes deux espèces de donations, la donation ordinaire, toujours fixée à la même somme et la donation extraordinaire qui variait suivant les circonstances et qu'on appellera plus tard impôts royaux.

Les Comtes de Foix et les rois de Navarre prenaient la donation ordinaire dans les terres de leur domaine et les fiefs ecclésiastiques et laïques ; mais, dans les terres appartenant à des seigneurs laïques, la moitié de la donation était pour le seigneur. On lit dans un inventaire de 1445 : « Item le Comte de Foix levo et a accoustumat de leva... las donations de sos hommes propres per entier et de la gleise, et des hommes dels gentils la maytad. » On voyait dans le même inventaire que le Comte prenait l'entière donation à Saurat, Montgailhard et autres terres du domaine, de même qu'à Ferrières, Ganac et autres fiefs ecclésiastiques ; il n'en percevait que la moitié dans les terres de la noblesse. « Par coutume universelle, reçue au pays de Foix, disent les Etats de 1613, de tout temps confirmée par usage paisible et consentement des Comtes, quand la donation annuelle est levée au profit du seigneur Comte, selon le nombre des feux, les sujets des seigneurs possesseurs de fiefs nobles payent autant à leur seigneur féodal pareille somme qu'ils payent au seigneur Comte... » Après la réunion du Comté à la couronne, Caulet, réformateur du domaine, voulut empêcher les seigneurs de lever cette

[1] Arch. dép., proc.-verb. 1674, 1789.

donation ; les Etats de 1613 s'opposèrent à ses prétentions et le parlement de Toulouse maintint les
seigneurs dans le droit de percevoir la moitié de la
donation dans l'étendue de leurs fiefs [1]. A la fin du
XVIII° siècle, quelques communautés contestèrent à
la noblesse ce droit ; le roi donna raison aux communautés et interdit aux nobles de toucher « l'excé-
dent » de la donation [2] ; mais il rapporta son édit
en 1788 [3].

2. *Impôts royaux.* — Un des premiers impôts
que le roi de France demanda au Comté, outre la
donation, fut l'impôt pour « la subsistance des troupes [4]. » Sous le nom de « quartiers d'hiver », il fut
abonné à la somme de 15.000 livres [5]. Avant que
cet impôt eût été établi, le roi envoyait des troupes
en quartiers d'hiver dans le Comté, elles étaient logées
par les communautés et les Etats les remboursaient
de leurs frais. Quand le roi eut créé cet impôt, il était
bien entendu que le pays serait dorénavant exempté
des logements. C'était parole de roi ; malgré les
réclamations des Etats, qui ne cessent de démontrer
« que le quartier d'hiver devrait empêcher le logement des troupes », les logements subsistèrent com-

---

[1] Arch. dép., S. C, pièces div., Mém. pour les Etats de Foix. 1787.

[2] Le produit total de la donation était de 8.701 liv. 12 s. 1 d.; le
roi touchait 7.425 liv., le reste était partagé par la noblesse.

[3] Arch. dép., proc.-verb. déc. 1786 (1re ass.), 1788.

[4] Arch. nat., H. 716. Des villes et lieux priv.

[5] Arch. dép., pièces div., Délibérat. des Etats au sujet des
15.000 liv. accordées au roi année par année, depuis 1652, pour
les quartiers d'hiver. (Extr. des proc.-verb. de 1652, 1653, 1655,
1660, 1663, 1676, 1679, 1680, 1681, 1682, 1683, 1684, 1685 et 1686).

me par le passé et ce fut une des plus lourdes charges qu'eut à supporter la province[1]. Le roi envoie, presque tous les hivers, des troupes d'infanterie ou de cavalerie en cantonnement, sans parler des passages incessants de troupes se rendant de Languedoc en Guyenne ou vice-versa. Les Etats font des emprunts pour soulager les communautés, ils créent d'abord des étapiers dans les villes [2] que traversent les troupes, puis un étapier général qui se charge des fournitures au compte des Etats [3].

En 1695, le roi établit un nouvel impôt, la capitation [4], l'abonnement de cet impôt était, en 1788, de 44.500 livres, plus 8.900 livres pour les 4 sols pour livre [5] ; d'après Acoquat, la capitation montait à la somme de 78.225 livres en 1789 [6].

Un grand nombre d'édits bursaux suivirent la création de la capitation et achevèrent de ruiner la province, les uns étaient temporaires, payés en une fois, en deux ou cinq ans, les autres définitifs [7].

Après le règne de Louis XIV, le nombre des édits

[1] Arch. dép., pièces div., Délibérat. des Etats au sujet des 15.000 liv.

[2] Arch. dép., proc.-verb. 1693.

[3] Id., 1695, 1696, 1699, 1707 (les deux assemb.), 1708, 1710, etc.

[4] Lavisse et Rambaud, Hist. gén., t. 6, p. 244. « Après le quartier d'hiver est venue la capitation. » Arch. nat., H.716. Des villes et lieux priv.

[5] Arch. dép., proc.-verb. 1788.

[6] Acoquat, l. c., p. 15.

[7] Arch. dép., proc.-verb. de 1674 à 1715. Avant la capitation et les édits bursaux, « le pays était presque affranchi de toutes impositions. » Arch. nat., H. 716. Etats du pays de Foix. Nous lisons dans le proc.-verb. des Etats de nov. 1706 : « Les impositions de cette année ont augmenté de plus d'un tiers. »

instituant des impôt extraordinaires diminue, mais,
par contre, on augmente les impôts annuels et on en
crée de nouveaux : l'impôt du vingtième sur tous les
propriétaires, suivi de l'impôt d'un second et d'un
troisième vingtième[1], les octrois municipaux, etc.

3. *Impôts du pays*. — Les impôts de la province
augmentèrent dans la même proportion que les impôts royaux pendant deux siècles. Au commencement du xviie siècle, on ne comprenait guère sous
cette rubrique que le traitement des officiers et agents
des Etats. Ces traitements n'ont pas sensiblement
varié pendant deux siècles. Mais les sommes de plus
en plus fortes qu'exigeait le roi, les avances considérables qu'il fallait faire aux communautés pour le
logement des troupes, les disettes qui obligèrent la
province à acheter des grains, la construction et l'entretien des ponts et des routes mirent les Etats dans
la nécessité de contracter des emprunts et de payer

---

[1] Arch. dép., proc.-verb. 1749, 1783 et 1788. L'abonnement des
deux premiers vingtièmes fut d'abord de 90.200 liv , puis de
144.000 liv., celui du troisième, qui était de 30.000 liv., fut porté à
35.000 liv. Il y eut aussi des levées extraordinaires, telles que :
1.000 liv. pour les détenus du Maroc (Arch. dép., proc.-verb. 1766),
1.000 liv. pour le port de Saint-Jean-de-Luz (Id., 1785), 1.050 liv.
pour le canal de Picardie (Id., 1785), 180.000 liv., payables en cinq
années, pour la construction des prisons du Parlement de Toulouse
(Id., 1786 2e ass.), 7.000 liv. pour l'hôtel de l'intendance à Pau
(Id.) — Il y avait encore, dans le Comté, de lourds impôts indirects,
dont le plus connu est l'impôt sur les denrées de consommation
levé sur les villes et les bourgs, sous le nom de « droits réservés. »
Cet impôt fut abonné d'abord à 18.000 liv., puis à 36.000 à la fin
du xviiie siècle ; on y ajouta le sol pour livre. Acoquat, l. c., p. 16
et 36.

chaque année les intérêts des sommes emprun-
tées [1].

4. *Charge des trois ordres; la taille.* — Il nous
serait difficile de faire le départ des charges qui
pesaient sur les trois ordres, si nous n'avions le précieux mémoire d'Acoquat dont je vais résumer les
conclusions.

Le clergé payait sa quote-part du don gratuit, les
décimes, la régale et le droit d'amortissement. Les
vingtièmes portant sur l'universalité des biens et
embrassant tous les revenus, sans distinction ni
exception, s'étendirent à plusieurs espèces de biens
qui n'étaient pas compris dans les autres abonnements, tels que les biens du clergé, de l'ordre de
Malte, des hôpitaux, etc. Les deux vingtièmes des
revenus du clergé étaient évalués à 34.000 livres [2].

Si on divise les impôts en quatre classes, vingtièmes, capitation, droits réservés et taille, la noblesse
ne participait qu'aux trois premiers [3].

Les biens nobles ne supportaient que la dixième
partie des vingtièmes. Or, disait Acoquat, les biens

[1] Arch. dép., proc.-verb. 1789. Outre le traitement des gouverneur, commissaire, officiers des Etats, etc., l'assemblée votait
chaque année des sommes pour les affaires urgentes du pays, des
subventions au collège de Pamiers, au haras, aux congrégations,
aux communautés et aux particuliers, à la milice bourgeoise, aux
musiciens, etc. Des sommes étaient affectées à l'entretien de certains monuments, des archives, etc. Id., 1786 (1re ass.), 1788, 1789.

[2] Arch. dép., proc.-verb. 1788. A cette date, l'abonnement des
deux vingtièmes était de 144.000 liv. (Id.) Les revenus du clergé
étaient estimés, en 1788, à 207.191 liv. Arch. nat., K. 1162. Tableau
fait par le secrét. du ms d'Usson. 1788.

[3] Ce qui suit est tiré d'Acoquat, l. c., p. 15 et suiv.

ruraux encadastrés, joints à ce que le peuple tire de son industrie, ne sont pas aux biens nobles dans la proportion de 9 à 1.

La capitation était, en 1789, de 78.225 livres ; sur cette somme le tiers payait 73.307 livres ; les possesseurs de fiefs ne payaient que la différence et encore se plaignaient-ils de la lourdeur de cet impôt. Avant 1764, ils payaient 1.500 livres de plus ; le roi autorisa les Etats à diminuer de cette somme le rôle de la capitation noble et elle fut rejetée sur le tiers. « Ce fut exécuté, dit Acoquat, sans qu'on ait vu l'ordonnance de l'intendant, sans qu'on en ait connu la teneur ni la date..., au gré de la noblesse, des possesseurs des fiefs qui ont usurpé le titre de nobles et de la foule du tiers-état qui n'a eu ni la liberté ni le courage de s'en plaindre. » « Ce genre d'impôt, ajoute-t-il, pèse sur le tiers-état, soit par l'énormité de sa masse, soit par l'injustice étonnante de sa répartition : il en supporte à lui seul presque tout le poids. » Les possesseurs de fiefs payaient dans le rapport de 1 à 16.

Les droits réservés se portaient à 45.000 livres en 1789. Sur cette somme, les possesseurs de fiefs ne payaient que 2.251 livres. Acoquat se demandait si les consommations de ceux qui payaient la capitation noble n'étaient à celles des autres citoyens que dans le rapport de 1 à 20. En 1771, cet impôt était de 18.000 livres levé sur les villes et les principaux bourgs ; le surcroît, provenant d'un nouvel abonnement, fut rejeté sur le corps de la province. « Les Etats ordonnèrent qu'on distrairait MM. de la noblesse sur l'ancien abonnement et qu'on ne pourrait plus les comprendre dans les rôles des communautés où ils résident. » De sorte que les possesseurs de fiefs s'allégeaient de leur fardeau et le rejetaient sur le tiers.

Restait la taille que le tiers payait seul. « La taille, disait Acoquat, est une espèce de flétrissure qui semble n'avoir été imprimée sur le tiers-état que pour perpétuer l'idée d'avilissement et d'abjection que les nobles attachent à la dénomination de manant, de vilain, de roturier. » C'est sur la taille que s'étaient accumulées toutes les taxes connues sous le nom d'accessoires, qui dépassaient, en 1789, plus de six fois le principal. Le principal de la taille, c'étaient le don gratuit et les quartiers d'hiver, c'est-à-dire 22.425 livres, les accessoires composés des frais de la province et des abonnements royaux s'élevaient à plus de 150.000 livres ; à ce non compris les dépenses municipales des communautés.

5. *Règlements financiers*[1]. — Les États votaient l'impôt, les cotisateurs en faisaient la répartition et les communautés la levée. Les sommes recueillies par les communautés étaient versées, sauf la donation, les quartiers d'hiver et le produit des impositions municipales, entre les mains du trésorier du pays.

La levée des impôts était réglementée par une

---

[1] Tout ce qui suit est tiré d'une brochure intitulée : « Règlement concernant les impositions de la province de Foix fait par les Etats de la province le 22 nov. 1663. » Pamiers. Larroire. 1788. 43 p. Elle est aux Arch. dép., pièces div. Elle contient en outre des extr. des délib. de 1664, 1665, 1666, 1668, 1671, 1678, 1703, 1704, 1743, 1745, 1752, 1771, 1773, 1777 et 1788.

délibération des Etats de 1663. Voici les principaux articles de ce règlement:

« Les consuls, syndics ou marguillers, 15 jours après avoir reçu les mandes pour les deniers qui devront être imposés, seront tenus de faire la délivrance de la levée de la taille au dernier moins disant et à celui qui fera la condition meilleure, à la charge de bailler bonnes et suffisantes cautions qui s'obligeront solidairement envers la communauté avec celui à qui la délivrance sera faite, sans que le droit de levée puisse excéder 20 deniers par livre ; excepté certains petits lieux où la levée doit être faite par les marguillers ou par d'autres personnes choisies et nommées à la pluralité des voix des habitants, à un prix fixe et plus bas que les 20 deniers pour livre. »

« La délivrance de la taille ne sera pas faite à ceux qui seront reliquataires des communautés, lesquels seront exclus jusques avoir satisfait. »

« Toutes les villes seront tenues d'imposer, chaque année, les sommes contenues aux mandes et d'en faire le payement 8 jours après les termes réglés par elles, sans qu'elles puissent, sous quelque prétexte que ce soit, modérer et retrancher lesdites sommes, ni porter et renvoyer l'imposition et le payement aux années suivantes, à peine d'être privées de l'entrée aux Etats et les habitants seraient contraints solidairement au payement. »

« Les deniers imposés ne pourront être divertis par les communautés ni par les collecteurs, pour quelque cause que ce soit, à d'autres affaires et usages qu'à ceux auxquels ils auront été destinés

par les délibérations des communautés et les états
d'impositions, à peine contre les ordonnateurs, consuls, syndics et collecteurs d'en répondre en leur propre et privé nom, d'être contraints solidairement
avec les autres habitants. »

« Les deniers imposés pour le roi et le pays seront
payés de préférence à toutes les autres charges, dettes et hypothèques. »

« Les consuls, collecteurs et autres administrateurs des deniers publics rendront compte de leur
maniement trois mois après l'année de leur charge,
ils seront tenus de payer le reliquat et ne pourront
les reliquataires être admis aux charges consulaires
ni autres de la communauté ni même jouir de leur
rang et voix délibérative dans les conseils de la ville
jusqu'au payement de leur dette. »

« Toutes les personnes, de quelque condition ou
état qu'elles soient, seront tenues de payer leur quo-
tité des tailles, ensemble du département des dettes,
pour raison des ruraux qu'elles posséderont, sans
qu'elles puissent, particulièrement les bien-tenants,
transporter et vendre, hors des lieux où ils seront
sujets à la taille, les fruits et denrées dépendant desdits biens, que préalablement ils n'aient payé la taille
et, pour cet effet, les consuls et collecteurs pourront,
pour la sûreté du payement, faire saisir le tout, soit
auparavant ou après les termes échus, même leurs
cabaux, à la réserve du bétail de labourage, le pays
dérogeant, pour ce chef, au privilège qu'il a de ne pas
souffrir la saisie des bestiaux qui servent à bonifier
la terre. »

« Tous ceux qui outrageraient les personnes commises à la levée des tailles seront poursuivies par les syndics aux frais et dépens du pays. »

« Le trésorier du pays, sur l'indication des consuls ou des collecteurs et en leur présence et assistance, sera tenu de donner la force de sa charge contre les personnes difficiles et autres qui refusent de payer les tailles. »

Des délibérations de 1664, 1665 et 1668 réglaient l'emploi des contraintes.

« Tous les redevables seront contraints au paye-ment par logement effectif en pure perte jusques avoir entièrement satisfait. »

« Les soldats seront tenus, sur l'indication des con-suls ou collecteurs, d'aller loger chez les redevables habitants ou bien-tenants de quelque état ou condi-tion qu'ils soient et de se procurer sur eux le paye-ment de leurs journées à 15 sols par jour chacun, compris leur dépense. »

« Les collecteurs ne pourront tirer des billets pour loger que sur un certain nombre de redevables dont l'un d'iceux ou tous ensemble seront débiteurs de 3 livres pour le moins. Il est défendu aux soldats d'exiger au delà de 15 sols quoiqu'ils se trouvent logés, dans un même jour, chez plusieurs redevables.»

D'après un règlement de 1704, « les six plus haut taxés du rôle de la taille, résidant dans le taillable, seront subsidiairement cautions des deniers de toutes les impositions qui se feront dans les communautés et, afin qu'ils n'aient pas lieu de se plaindre, les con-suls seront obligés de les appeler au conseil qui se tiendra pour la nomination du collecteur où ils auront voix délibérative à ce sujet. »

Ces règlements ne furent pas toujours exécutés à la lettre. On vit des collecteurs s'approprier les fonds qui devaient être portés à la caisse et s'en servir pour leurs affaires privées, on vit des communes surchargées d'impôts être fort en retard avec le trésorier, on vit enfin le trésorier en retard avec les fermiers du roi [1].

---

[1] Le trésorier devait loger les commis de la recette générale jusqu'à ce qu'il pût acquitter les impôts du roi.

Chapitre III

LES PONTS ET LES CHEMINS

———

1. Les chemins entretenus par les communautés. 2. L'intervention des Etats. 3. De 1722 à 1740. 4. L'arrêt du conseil de 1740. Les grands travaux. 5. Rapport de l'évêque d'Agoult. 6. Jugement de l'ingénieur Mercadier.

1. Les chemins entretenus par les communautés. — A l'origine, les Etats ne s'occupaient guère de vicinalité. Les communautés seules ouvraient et entretenaient les routes qui n'étaient que des sentiers et construisaient les ponts qui n'étaient que des passerelles [1]. Les nobles faisaient entretenir les chemins sur leurs terres et construire les ponts par leurs vassaux. Communautés et nobles percevaient des droits de pontonage. Mais avec l'extention du commerce et l'établissement de la poste, les communautés et les particuliers furent impuissants à assurer les communications [2].

2. L'intervention des Etats. — C'est alors qu'interviennent les Etats. Nous lisons dans une délibération de 1666: « Les consuls sont chargés de tenir

---

[1] On traversait l'Ariège avec des gabares et des bateaux.

[2] Les Etats établissent la poste de Foix à Auterive en 1689, Louvois donnait gratuitement les lettres de provisions pour la première fois ; les Etats demandent l'établissement de la poste

en bon état les chemins et passages de leur consulat. » Soit négligence de leur part, soit mauvaise
volonté des corvéables, ils s'acquittent fort mal de
cette charge. « Les chemins sont impraticables,
lisons-nous dans plusieurs délibérations,... on est en
danger de sa vie [1]. » Le rôle des Etats se borne d'abord
à exiger des consuls qu'ils fassent réparer les chemins ; s'ils n'obéissent pas, les syndics les font réparer à leurs frais [2].

Mais les consuls sont récalcitrants, les corvéables
encore plus. Les Etats de 1667 font avertir les communautés que, si les chemins ne sont pas réparés
dans les trois mois, les syndics les feront réparer à
leurs dépens. Enfin, ils menacent les consuls de les
priver de l'entrée aux Etats. La même année, ils
fixent la largeur des chemins : ils auront 12 pans
dans la montagne et 16 dans la plaine [3].

Les ponts de bois étaient dans un état déplorable ;
à chaque crue ils étaient emportés. Les Etats prirent
l'habitude de répondre à toutes les requètes des communautés quand les syndics, après enquète, les
avaient déclarées recevables. Ils payaient, en général, la moitié des frais de construction et de réparation ; mais les syndics assistaient aux adjudications,
au même titre que les consuls. Quelquefois ils
faisaient les devis. Les Etats venaient même en

d'Auterive à Toulouse ; ils donnent 600 liv. de gages à deux maîtres de poste. Arch. dép., proc.-verb. 1689. Il y avait auparavant
un messager payé par les Etats. Id., 1688.

[1] Id., 1666, 1667, 1695, 1700.
[2] Id., 1666.
[3] Id., 1667 et 1668.

aide à la ville de Pamiers [1]. En 1705, toutes les
rivières du Comté débordèrent, emportant les ponts
de Saverdun, de Pamiers, de Tarascon, de Vicdessos
et de bien d'autres communautés ; pour comble de
malheur, la grêle détruisit toutes les récoltes ; les
Etats firent des sacrifices considérables pour rétablir
les communications. Pamiers mit un bateau sur
l'Ariège et établit un péage, ce qui ruinait les communes des environs; les Etats lui donnèrent 300 livres
pour établir un pont provisoire et promirent de payer
le septième des dépenses qu'occasionnerait la construction d'un pont en maçonnerie [2] ; mais, il ne lui
payèrent que le tiers de ce qu'ils avaient promis
parce que le pont était à voie étroite. Les Etats en-
gageaient toujours les villes à construire des ponts
en maçonnerie ; quand ils accordaient une subvention, ils exigeaient, si aucun titre formel ne s'y oppo-
sait, la suppression du droit de pontonage. Ils achè-
tent le pont de Sabar au sieur La Beaume d'Angely
pour supprimer le péage et, comme la ville de Tarascon en est co-propriétaire, ils lui offrent de se
charger de l'entretien, si elle supprime « la taille et
le vingtième du pont [3]. »

C'est vers 1684 qu'ils accordent les premiers fonds
pour la réparation des chemins. Ils donnent une
somme aux communautés qui les font réparer par

[1] Arch. dép., proc.-verb. 1659, 1660, 1661, 1666, 1667, 1668, 1679,
1680, 1681, 1693, 1694, 1697, 1698, 1699, 1700, 1701, 1702.

[2] Id., 1705 et 1706 (1re ass.).

[3] Id., 1705, 1706 (1re ass.), 1732, 1753, 1767, 1785, 1786 (1re ass.)
Pour le pont de Sabar, les Etats restèrent redevables d'une livre
de poivre blanc au châtelain de Quié.

adjudication ; mais comme trop souvent les communautés prennent l'argent et négligent les chemins, ils font surveiller les travaux par les syndics. Bientôt ils n'accorderont des fonds que si les communautés s'engagent à faire une dépense semblable. Avant 1740, on n'entretient guère à frais communs que la route de Toulouse à Ax et celle qui conduit de Tarascon aux minières de Vicdessos. Les chemins de traverse restent à la charge entière des communautés.

Presque tous les ans, les Etats établissent un fonds de 900, 1.500, 3.000 livres pour l'entretien des ponts et des chemins, sans compter les subventions particulières pour la construction des ponts en maçonne - rie. En 1711, ils y consacrent 4.000 livres, mais les « frontaliers » tiendront les fosses en état et entretiendront les routes déjà réparées, conformément à une délibération de 1700 [1].

La guerre de la succession d'Espagne épuisa tellement le pays que les Etats durent renoncer à toute subvention pour la vicinalité et quand l'intendant demanda à la province une somme de 1.000 livres pour ouvrir un chemin au col de Paillères et faire communiquer le Comté avec le Roussillon par le Donezan et la Cerdagne, les Etats lui opposèrent le refus le plus catégorique. Il fallut un ordre du roi pour que le chemin fût ouvert [2].

3. *De 1722 à 1740*. — C'est en 1722 que les Etats se remettent activement aux travaux publics, ils font de nouveaux règlements et nomment des ins-

---

[1] Arch. dép., proc.-verb. 1684. 1696, 1700, 1711, 1713.
[2] Id., 1716, 1717.

pcteurs des chemins [1]. En 1725, l'intendant appela
l'attention des Etats sur les chemins de la province
qui étaient pour la plupart impraticables. Les Etats
décidèrent de remettre en vigueur, en la renforçant,
la délibération de 1722. Ils ordonnèrent aux consuls
et aux marguilliers, sous peine d'une amende de
20 livres, de donner avis, dans les deux mois, à l'inspecteur des chemins, des réparations urgentes. Si
l'inspecteur est négligent, les consuls aviseront les
syndics et, si les consuls se négligent, les communautés voisines les dénonceront aux syndics. Enfin,
on décide de demander au trésorier les mandements
qu'il a délivrés et les quittances, qu'il a reçues depuis
dix ans, des sommes imposées pour les chemins, afin
de savoir si les particuliers et les communautés n'ont
pas détourné des sommes de leur destination.

De 1722 à 1740, on vote généralement 1.000 livres
pour l'entretien des grands chemins[2].

En 1737, les Etats firent le règlement suivant :

« 1° Les inspecteurs des chemins feront incessam-
ment leur visite, en rapportant, dans leurs procès-
verbaux, l'état actuel des chemins, leur situation,
leur largeur, pour savoir si elle est conforme, tant
dans la plaine que dans la montagne, au règlement
de 1667[3] et assigneront l'étendue des grands chemins dans chaque communauté. Ils remettront leur
procès-verbal aux syndics qui feront un rapport à
l'évêque pour qu'il soit pourvu suivant l'exigence des
cas.

[1] Arch. dép., proc.-verb. 1725.
[2] Id., 1725, 1726, 1727, 1728, 1732, 1735, 1736.
[3] 12 pans dans la montagne, 16 dans la plaine.

« 2° Les inspecteurs, conformément aux délibérations de 1719 et de 1722, renouvelleront exacte-
ment leurs visites de trois mois en trois mois.

« 3° Pour que les chemins soient entretenus, exiger que les « frontaliers » tiennent les fossés récurés
et fassent des fossés là où il n'y en a pas.

« 4° Les chemins seront annuellement réparés par
corvées, à cet effet chaque famille donnera une jour-
née d'homme chaque année[1].

« 5° Les gentilshommes sont priés de donner leur
attention à l'exécution de ce règlement, chacun dans
sa terre, et de dénoncer les délinquants à l'évêque.

« 6° Les consuls en feront autant.

« 7° Si un « frontalier » ne fait pas les réparations
exigées par le règlement, les consuls les feront faire à
ses frais[2]. »

*4. L'arrêt du conseil de 1740. Les grands tra-
vaux.* — L'année 1740 est une date importante dans
l'histoire de la vicinalité du Comté. Jusqu'ici on n'a
fait aucun travail d'ensemble : on a accordé quelques
subventions aux communautés, on a fait quelques
adjudications, mais les chemins sont toujours entretenus par la corvée et il faut violenter consuls et
corvéables pour obtenir les plus médiocres résultats.

Un arrêt du conseil de 1740 ordonna la construction des grands chemins de la province[3]. On se mit
aussitôt à l'œuvre. On fit des emprunts[4], on vota de

---

[1] Les Etats exigeaient que les réparations importantes fussent
faites par adjudication.

[2] Arch. dép., proc.-verb. 1737.

[3] Id., 1756.

[4] Id., 1741, 1742.

nouveaux impôts[1]. On remplaça les inspecteurs par
des ingénieurs, plus tard on décida de ne plus accorder de subvention pour les ponts tant que les chemins ne seraient pas terminés. Les ponts en bois
pouvaient durer encore, les ruisseaux étaient guéa-
bles, sauf à la saison des crues; les frais d'un pont,
disait-on, sont plus élevés que ceux de 10 à 12 lieues
de chemin et, pourvu qu'il soit possible de passer la
rivière sans danger, 10 à 12 lieues de chemin sont
bien plus utiles qu'un pont[2].

On décida d'employer simultanément le système
de la corvée et celui des entreprises et de consacrer,
pendant huit ans, 2.500 livres à la construction des
routes; on ne pouvait faire plus, car on avait em-
prunté de fortes sommes pour parer aux disettes[3].

En 1756, sur le rapport d'une commission des chemins[4], les Etats firent le plan d'ensemble des routes
à ouvrir et ils établirent de nouveaux règlements.
Voici quels étaient les chemins les plus utiles à construire ou à réparer :

1° Celui qui part des limites du Languedoc, au-
dessus de Saverdun, et se dirige vers Ax ;

2° Celui du Languedoc à Pamiers, par Mazères ; (à
cause de la proximité du canal du Midi);

3° De Varilhes à Mirepoix ; (pour communiquer
avec le bas Languedoc) ;

---

[1] Arch. dép., proc.-verb. 1742.

[2] Id., 1783. On fit une exception pour le pont de Mazères qui
fait communiquer la province avec le Languedoc. On fit aussi
quelques réparations urgentes à d'autres ponts. Cf. id., 1741.

[3] Id , 1742.

[4] Composée de trois nobles et de trois membres du tiers.

4° Du pas de Saint-Antoine aux Pennes; (pour communiquer avec Limoux et faciliter le transport des grains et des huiles);

5° De Tarascon à Vicdessos ; (à cause des mines);

6° De Foix aux limites du Languedoc, vers Rimont; (pour communiquer avec le Couserans) ;

7° De Pamiers aux limites de la Guyenne, du côté de Serrelongue, par Sabarat et le Mas-d'Azil; et de Daumazan aux limites du Languedoc, vers Montesquieu, par La Bastide-de-Besplas ;

8° De Saverdun aux limites du Languedoc, par Lissac et Saint-Quirc. (Le seul endroit par où l'on puisse transporter le sel[1].)

Il était urgent de construire ces routes, car le Comté n'avait de rapports suivis qu'avec la ville de Toulouse, les autres chemins étant impraticables presque toute l'année.

La commission, s'inspirant de l'arrêt du conseil de 1705 et du règlement des Etats de 1737, approuvé par le roi, fit adopter les résolutions suivantes :

Les chemins seront construits suivant l'alignement le plus droit, on passera à travers les terres des particuliers, sans distinction de personnes, on les dédommagera en leur cédant l'ancien chemin et en leur accordant, au besoin, une indemnité.

Les chemins construits dans la montagne auront trois toises de large et ceux de la plaine quatre.

On creusera des fossés de chaque côté des chemins, ainsi que sur les endroits qui dominent les chemins pour qu'ils ne soient pas endommagés par les orages.

[1] Il s'est longtemps appelé « le chemin du sel ».

Au-dessous des chemins, les « frontaliers » laisseront incultes 4 pieds de terrain pour éviter les éboulements.

Les haies et les murailles ne pourront être placées qu'à un pied de distance des fossés.

Il est défendu d'endommager les chemins avec les eaux d'arrosage, le fumier, la paille, etc.

Pour garantir les fossés des éboulements occasionnés par les charrettes, on mettra de grandes bornes des deux côtés du chemin à 15 pieds de distance les unes des autres et à un pied et demi du fossé.

Enfin, pour la première fois, on renonçait franchement à la corvée. « La corvée, dit la commission, est un des moyen les plus longs, les plus onéreux et les plus à charge aux communautés... Elle ne peut être employée que dans les jours les plus courts et les plus mauvais de l'année ; le travail en est souvent interrompu par les pluies, les neiges, la gelée ; les travailleurs venant de loin ne peuvent se rendre que fort tard et sont obligés de se retirer de bonne heure ; d'ailleurs venant par force et sans aucun salaire, ils se reposent les uns sur les autres et ne travaillent que fort lentement ; ceux qui les commandent, étant intéressés à faire durer l'ouvrage, les secondent dans cette inaction... La province emploie une somme considérable pour payer des gens qui président à un ouvrage qu'ils ont intérêt à faire durer longtemps[1]. » La corvée est encore condamnée par les Etats en 1767 et en 1783. « La corvée est ruineuse pour le pauvre peuple, destructive pour la culture des terres

---

[1] Arch. dép., proc.-verb. 1756 (1re ass.)

et dès lors pour les revenus de la province... Elle produit tous ces maux et ne conduit pas au bien auquel on l'a dirigée[1]. » « La corvée est injuste en ce que presque tous les particuliers aisés en étaient exempts[2]. » « On se propose de jouir des avantages des beaux chemins, disait-on encore, mais par la corvée on n'en achève jamais aucun[3]. »

Pourtant, avec la somme de 2.500 livres qu'on se proposait d'employer chaque année aux chemins, la commission pensait qu'il faudrait un siècle pour les achever[4]. On imposa 2.500 livres jusqu'en 1767[5].

---

[1] Arch. dép., pièces div., Règlement concernant les grands chemins de la prov. de Foix (extr. du proc-verb. du 24 sept. 1767. Imprimé. 32 p.)

[2] Arch. dép., proc.-verb. 1783.

[3] Arch. dép., pièces div., Règl[t] concernant etc. Tous les ponts à faire ou à réparer sur les routes comprises dans le projet sont réputés ponts de province et la province entre pour la moitié dans leur construction ou réparation et la communauté pour l'autre moitié ; les syndics en font l'adjudication avec les consuls. Pour les autres ponts, la province y contribue pour un tiers s'ils sont nécessaires à différents lieux et tous les lieux voisins y contribuent pour les deux autres tiers. Ceux qui ne sont utiles qu'à une seule communauté restent à sa charge. Arch. dép., proc.-verb. 1756. — En 1783, on suspend de nouveau les travaux des ponts pour hâter la construction des routes. Pour les chemins de traverse, on continue à appliquer le règlement de 1737, notamment en ce qui concerne la surveillance des gentilshommes et des consuls et l'obligation pour les « frontaliers » d'entretenir les fossés. Les chemins de traverse sont généralement entretenus à la corvée. La corvée fut définitivement supprimée, pour les chemins de traverse, en 1782. Arch. dép., proc.-verb. 1782 et 1783.

[4] On votait en outre 1.000 livres pour payer l'intérêt des emprunts faits pour les chemins.

[5] Arch. dép., proc.-verb. 1756 et Arch. dép., pièces div., Règl. concern. les gr. chemins, etc.

Mais, à cette époque, quelques routes ayant été
ouvertes, il en résulta un si grand bien que toutes
les communautés comprises dans le devis réclamaient
leurs chemins. Le Mas-d'Azil, par exemple, dont les
marchés étaient désertés par les habitants du Couserans, parce que le Languedoc avait construit une
route carrossable le long de la Garonne, retrouvait
son ancienne prospérité[1]. Il fallait absolument trouver des fonds. On eut recours aux impôts directs
et indirects. On ajouta à la taille un impôt de
8.000 livres et on vota une « subvention » pour
« éviter aux biens-fonds un fardeau trop onéreux. »

Quant à la « subvention », on pensa qu'elle serait
moins lourde si on l'établissait sur le vin qui se vend
dans les cabarets, les bouchons et au détail chez les
particuliers. On établit donc un octroi de 2 liards par
pot, pesant 4 livres 3/4 poids de table, poids ordinaire de la province. Cet octroi devait durer 25 ans.

La commission fit un nouveau règlement qui com-
plétait les précédents et s'inspirait des derniers règlements faits par les Etats de Languedoc[2].

Par ordre de l'intendant, Pamiers dut à son tour
ouvrir et entretenir des chemins conformes à ceux
de la province[3].

La « subvention » ne rapporta pas ce qu'on en
espérait. « Il n'y a pas quatre lieux dans la province
où elle ait été perçue avec exactitude[4]. » Mais il

---

[1] Arch. dép., proc.-verb. 1756 et Arch. dép., pièces div., Règl.
conc. les gr. chemins, etc.

[2] Arch. dép., pièces div., Règl. concern. les grands chemins, etc.

[3] Arch. dép., S. C, pièces div., Lettre de l'év. à l'intendant. 1777.

[4] Arch. dép., proc.-verb. 1783.

fallait des routes, car le Languedoc multipliait les
siennes, créait de nouveaux débouchés pour ses denrées, rapprochait les distances, tandis que le Comté
n'exportait plus ses vins et allait perdre ses derniers
clients, les habitants de la Gascogne [1]. On eut alors
la singulière idée de doubler la « subvention » [2].
« On mit un sol d'imposition sur chaque pot de vin
qui se vend au détail ; les plus pauvres habitants de
la province qui, l'un dans l'autre, consomment à peu
près un pot de vin par jour, ont dû payer 365 sols,
c'est-à-dire 18 livres 5 sols de plus par an. On assu-
jettit à l'impôt celui qui n'avait que ses deux bras
pour tout revenu et qui ne payait pas auparavant la
dixième partie de cette somme pour toutes ses impositions [3]. » Des troubles graves éclatèrent dans plusieurs parties de la province et notamment à Foix et
dans la vallée de Vicdessos. Ils furent sévèrement
réprimés et le roi en profita pour demander aux
Etats les fonds nécessaires à l'entretien d'une brigade
de maréchaussée à Foix [4]. Mais il fallut bientôt renoncer à la « subvention ». En 1786, l'abbé de Foix,
évêque de Cominges, résumait ainsi l'histoire de la
« subvention » :

« Il y a environ dix-huit ans que vous avez voté,
pour la confection des chemins de cette province,
l'établissement d'une « subvention » sur le vin. Elle
a été suspendue sept ou huit ans. Enfin le besoin vous

[1] Arch. dép., id.

[2] Le doublement de la « subvention » est autorisé par arrêt du
conseil du 2 déc. 1783. Id.

[3] Id., 1786 (1re ass.). Rapport de l'abbé de Foix.

[4] Id., 1785.

a fait passer par-dessus les inconvénients et vous
avez confié à un fermier ou plutôt aux communautés
elles-mêmes, pour trois ans et pour la somme de
48.000 livres, la levée de cet impôt qui, par les frais
de régie, les gains licites des fermiers, séparés de
ceux moins licites des cabaretiers, les procès qu'elle
a entraînés, a coûté près de 50.000 écus à la province. Les 48.000 livres du bail ne sont entrés ni en
entier ni en temps prescrit. En 1782, vous avez voulu
connaître le produit de deux ans, il est presque nul.
Journaliers et propriétaires ont cherché à se soustraire à cet impôt. Il y eut une grande fermentation
dans la province, enfin l'ordre a été rétabli. Il a fallu
résilier le contrat. De nouveaux spéculateurs ont
offert 42.000 livres par an, c'est-à-dire 50.000 livres
en y comprenant les 8.000 livres d'abonnement pour
les sols pour livre ; ils sont très en retard pour le
payement. Ils ont monté à grands frais une régie
immense et très dispendieuse. Ils ont introduit, dans
l'intérieur d'une province libre et franche, une troupe
de surveillants tous munis de l'arme la plus dange-
reuse et la plus cruelle, dont ils peuvent le plus abu-
ser pour servir leurs vengeances et leurs passions ;
ils verbalisent et les parties sont jugées sur la pé-
rilleuse parole d'un homme qui n'est connu ici que
parce qu'il a une place de 500 livres à y occuper et
dont les émoluments ne peuvent augmenter que par
l'industrie de celui qui la remplit. 200 procès ont été
engagés, 200.000 livres ne suffiraient pas à payer
les frais si on les jugeait. Ils ont excité dans la province un cri qui est devenu général. Le fermier demande le résiliement de son bail. »

Comme on ne voulait pas renoncer aux chemins, on proposa l'établissement d'une dîme, à l'instar de la dîme ecclésiastique, une dîme royale qui aurait unifié tout l'impôt territorial, la vente du sel de Peccais et une imposition au marc la livre des droits réservés. Tous ces projets d'impôts furent écartés et on décida de répartir 40.000 livres en forme d'accessoires et par accroissement sur les vingtièmes et la capitation et de faire un emprunt de 60.000 livres au denier 20 [1].

Quoique la noblesse se crût exempte, de par ses privilèges [2], de toute contribution aux ouvrages publics, la plupart des nobles offrirent de contribuer, pendant douze ans, à la nouvelle imposition dans la même proportion que le tiers. Le clergé était invité à y contribuer aussi pour une somme proportionnelle aux avantages qu'il devait en retirer. S'il s'y refusait, on exposerait au roi l'état de la province et celui des revenus ecclésiastiques et on le supplierait d'engager cet ordre à donner une somme pour les chemins [3].

En 1787, les seize chantiers ouverts entraînaient une dépense de 179.214 livres [4].

En 1788, on dépensait 155.579 livres et, en 1789, 138.914 livres [5].

A la veille de la Révolution, les travaux étaient fort avancés. L'évêque d'Agoult disait en 1788 : « La partie la plus difficile de votre tâche est presque ter-

---

[1] Arch. dép., proc.-verb. 1786 (1re ass.). Il contient le rapport de l'abbé de Foix.

[2] Le tiers lui contestait ce privilège. Id.

[3] Id., 1786 (1re ass.).

[4] Id., 1786 (2e ass., budget de 1787).

[5] Id., 1788 et 1789.

minée... Déjà des routes construites par vos soins, à travers ces masses imposantes de rochers, ont réuni des pays qui paraissaient devoir être séparés pour jamais... Vous avez créé des communications entre les différentes communautés, vous en avez établi avec vos plus proches voisins [1]. »

Que valaient ces travaux presque achevés ? C'est ce que vont nous dire les rapports de l'évêque d'Agoult et de l'ingénieur Mercadier.

5. *Rapport de l'évêque d'Agoult.* — D'Agoult, qui succédait, en 1788, au vieil évêque Lévis-Léran, aurait peut-être été, un demi-siècle plus tôt, un remarquable administrateur ; mais la Révolution approchait et il n'eut pas le temps de donner toute sa mesure.

En arrivant dans le Comté, l'évêque voulut se rendre compte de la situation des chemins. Les procès-verbaux des Etats, les devis des ingénieurs, les pièces de comptabilité étaient dans un tel désordre qu'il ne put y trouver aucun renseignement précis. Tout, disait-il, était d'une impénétrable obscurité. Il était impossible d'avoir « une idée même générale de ce que peut coûter, dans le pays de Foix, une lieue commune de chemin, ni la somme dépensée pour telle partie de route. » Il trouvait les devis, servant de base aux dépenses, insuffisants et la comptabilité inexacte. « Les détails estimatifs, dit-il, qui devraient offrir les différentes parties des ouvrages, qui devraient contenir une évaluation exacte et motivée des

[1] Arch. dép., proc.-verb. 1788.

dépenses qu'ils exigeront, sont rédigés d'une manière si vague et si incertaine qu'ils ne peuvent pas même en donner aucune approximation. On la chercherait aussi inutilement dans les comptes. Il n'en est point qui ne doive présenter un chapitre de recette, un autre de dépense dont la comparaison donne le résultat et fixe l'état de la situation ; sans ce mécanisme, il n'est pas possible de concevoir un ordre de comptabilité. Cependant le chapitre des dépenses est entièrement oublié dans les comptes relatifs aux travaux publics. Les procès-verbaux n'offrent aucune preuve que les sommes délibérées par les États précédents aient été employées à leur véritable destination.

« Enfin le payement des entrepreneurs n'est pas soumis à des règles plus exactes. On leur accorde des mandats, sans que l'administration ait connaissance d'aucun détail des ouvrages sur lesquels elle délivre les acomptes. »

D'Agoult, qui connaissait les théories de Trudaine et des Ponts-et-Chaussées mieux que l'ingénieur de la province, parcourut le Comté et examina les travaux. Les chantiers étaient dans le même désordre que les pièces de comptabilité.

« L'expérience, dit-il, a appris que le meilleur des procédés pour construire une chaussée double était d'établir un empierrement d'un pied d'épaisseur, composé de deux couches, la première, de neuf pouces, doit être formée avec les plus grosses pierres posées de champ sans vide, battues et ferrées entre elles avec une masse de fer du poids de 10 à 12 livres, la deuxième couche, de trois pouces d'épaisseur, doit être faite en pierre vive cassée au marteau et réduite

à la grosseur d'un pouce cube. On proscrit tout chargement en sable ou gravier qui, dégénérant bientôt en
véritable boue, retient les eaux, forme des ornières
et nécessite des réparations continuelles. Les pierres
cassées au marteau, pressées par le poids des voitu-
res, se lient entre elles, les arêtes extérieures s'usent,
s'effacent par le frottement et les chemins ainsi construits deviennent bientôt aussi coulants et aussi solides que le serait un seul bloc de rocher.

« On suit, dans le pays de Foix, une méthode absolument contraire. La profondeur de l'encaissement
est assez ordinairement d'un pied, mais à peine la
première couche formée de cailloux, jetés pour la
plupart au hasard, a-t-elle 4 ou 5 pouces ; la deuxième
n'est autre chose qu'un chargement de sable ou de
gravier de 7 à 8 pouces d'épaisseur. Aussi les chemins, après quelques jours de pluie, éprouvent-ils
tous les inconvénients qui sont propres à cette mauvaise composition. » « La seule économie réelle dans
les travaux publics, ajoutait-il, est de ne rien épar-
gner de ce qui peut les rendre durables et exempts
de réparations journalières. »

L'évêque insistait sur la surveillance des travaux ;
il fallait établir « un ordre d'administration tel que
les abus fussent sans objet et qu'en tout cas, on pût
facilement découvrir la fraude. » Il proposait le système des adjudications partielles. « Lorsque les entrepreneurs sont, par une seule adjudication, chargés
de l'ensemble des travaux d'une route, ordinairement,
pour augmenter leur gain, ils s'appliquent plus à donner à un chemin l'apparence de la perfection qu'à
soigner la solidité et c'est d'autant plus facile que la

réception ne se fait que lorsque l'ouvrage est entièrement terminé. »

Il propose de faire amasser, au bord de la chaussée, les matériaux nécessaires à l'empierrement ; quand ils seront à la portée de l'ouvrier, l'entrepreneur n'aura guère intérêt à tromper, car l'arrangement des matériaux à portée de l'atelier n'exige presque aucun frais. On soumettra ensuite chacune des deux couches de l'empierrement à une réception particulière[1].

Les Etats approuvèrent le rapport de l'évêque à l'unanimité, ils décidèrent encore d'ouvrir moins de chantiers à la fois et de porter tous leurs efforts sur quatre chemins seulement[2].

6. Jugement de l'ingénieur Mercadier. — La Révolution arriva, il semble que les travaux furent abandonnés au moins pendant l'année 1790, car les Etats n'existaient plus et l'administration nouvelle était en voie d'organisation. Toutefois, dès la fin de 1790, les nouveaux administrateurs décidèrent de continuer la tâche des anciens membres des Etats. Leur premier acte fut heureux, car ils choisirent, comme ingénieur du département, un homme remarquable, Mercadier, déjà connu par des travaux scientifiques et qui était alors ingénieur dans le département de l'Aude. Du long rapport qu'il soumit

---

[1] Arch. dép., proc.-verb. 1788.

[2] « Le pays de Foix est le seul qui divise ses forces sur une multitude d'ateliers et de routes... Les considérations personnelles ont trop multiplié les travaux. » Id., rap. de la comm. des chemins.

à l'assemblée administrative sur les travaux à exécuter dans le département, nous ne retiendrons que
les quelques lignes qu'il consacre aux ponts et aux chemins du Comté de Foix. « Le ci-devant pays de Foix,
dit-il, n'avait encore fait qu'ouvrir provisoirement
des routes essentielles, qu'il n'était pas en état de rendre solides et commodes. Pressé par les provinces
voisines de leur fournir des communications, dont il
ne lui était pas possible de supporter les dépenses, il
ne faisait que tracer précipitamment des passages[1],
dont il changeait souvent la direction, à mesure que
le besoin s'en faisait sentir.

« La multiplicité des ponts qu'il avait à construire
avec des fonds très modiques ne lui permettait le
plus souvent que de les faire en bois et de les traiter
fort légèrement, aussi était-il obligé de les faire et
de les refaire continuellement et c'est ainsi que ce
pays est épuisé par les travaux publics, sans en avoir
pu finir aucun[2]. »

---

[1] « Les grandes routes du pays de Foix ont 4 toises de largeur.
Ces dimensions sont beaucoup moindres que celles de tous les
grands chemins du royaume » et en particulier de la Gascogne et
du Languedoc. D'Agoult. Arch. dép., proc.-verb. 1788.

[2] Arch. dép., proc.-verb. du conseil gén. du départ. 1791.

Chapitre IV

SURVEILLANCE, ENCOURAGEMENTS
ET SUBVENTIONS

1. Agriculture, commerce et industrie. 2. Instruction publique. 3. Hôpitaux. 4. Sécurité publique.

1. Agriculture, commerce et industrie. — Nous avons étudié les principales attributions des Etats. Quand ils avaient défendu les privilèges de la province, voté l'impôt, ouvert des routes et construit des ponts, ils accordaient encore des secours à des particuliers, surveillaient, encourageaient et subventionnaient divers établissements.

Les agriculteurs leur étaient redevables de certaines réductions d'impôts. Ils paraient aux disettes en achetant des grains[1], ils donnaient quelques sommes aux paysans victimes de la grêle, des orages et des inondations[2], mais il faut reconnaître qu'ils n'ont jamais pris d'initiative féconde pour relever l'agriculture du Comté[3]. Ils ont même condamné l'insti-

---

[1] Arch. dép., proc.-verb. 1742, 1751, 1756. Acoquat, l. c., p. 39.

[2] Arch. dép., proc.-verb. 1706, 1711, 1713. Ils obligent souvent les communautés à voter un fonds égal. Au xviiie siècle, ils accordent, presque tous les ans, des secours aux personnes victimes de l'incendie. Id., 1708, 1719, 1724, 1726, 1735, 1746, etc. En 1745, ils accordent 50 liv. à un particulier qui a perdu son cheval. Id., 1745.

[3] V. le disc. de d'Agoult aux Etats de 1788. Id., 1788.

tution du haras qui aurait pu rendre de grands services dans un pays d'élevage.

L'établissement du haras datait de 1718 ; il fut mal vu dès l'origine, car il obligeait les Etats à une dépense de 1.200 livres, sans compter 75 quintaux de foin, 36 quintaux de paille et 18 boisseaux d'avoine qu'ils devaient fournir pour chaque étalon [1].

En 1783, les Etats en demandent la suppression, car « depuis son introduction, il n'y a plus de bons chevaux dans la province [2]. » Cette suppression est également demandée dans le cahiers des Etats généraux.

Malgré les plaintes des Etats, le haras ne fut ni supprimé ni réformé. « La déchéance de l'espèce, dit Acoquat, a prouvé... qu'on ne gagne rien à éteindre l'émulation et à en circonscrire les progrès... Cet établissement, dans son état actuel, se borne à surcharger la province d'une imposition assez considérable et à procurer 600 livres d'appointements à un inspecteur, pour qui seul cet établissement paraît utile [3]. »

Les Etats rendaient des services au commerce, quand ils ouvraient des routes pour faciliter les transactions et surtout quand ils défendaient les commerçants contre les exigence des employés de la foraine.

La grande industrie du pays, sa seule richesse même, pendant des siècles, fut l'industrie du fer [4].

---

[1] Arch. dép., proc.-verb. 1718.
[2] Id., 1783.
[3] Acoquat, l. c., p. 36.
[4] Arch. dép., prov.-verb. 1771.

Les mines de Siguer et des Cabannes, très riches en excellent minerai, alimentaient les trente forges catalanes du pays et les forges du Couserans et d'une partie du Languedoc[1]. Ces mines étaient régies par des règlements des Etats de 1414[2]. Les entrepôts de minerai étaient jalousement fixés par les Etats[3]; les consuls des régions minières avaient la police des mines[4]. Presque tous les profits de la mine étaient pour les forges et ces forges appartenaient presque toutes aux possesseurs de fiefs[5]. Pendant une année de disette, les maîtres des forges n'hésitèrent pas à faire nourrir leurs ouvriers avec du blé acheté à perte par les Etats, à l'aide d'une imposition qui ne pesait que sur les biens ruraux[6]. Des commissions des Etats et plus tard un inspecteur des mines surveillaient l'exploitation des mines[7] et veillaient à ce que le minerai extrait ne fût pas de mauvaise qualité[8]. Les procédés d'extraction étaient si défectueux que nulle part on ne voyait « autant d'invalides, de veuves et d'orphelins » qu'à Vicdessos, à Sem et à Siguer[9].

Mais ce qui amena surtout la décadence des for-

---

[1] Arch. dép., proc.-verb. 1788 et Arch. nat., K. 1162. Mém. sur le pays de Foix. 1739.

[2] Arch. dép., proc.-verb. 1696, 1715. Ils étaient complétés par un arrêt du conseil de 1731. Id., 1782. Arch. nat., H. 713-714. Proc.-verb. des Etats de 1769.

[3] Arch. dép., proc.-verb. 1782.

[4] Id., 1714, 1715, 1751.

[5] Acoquat, l. c., p. 39.

[6] Id.

[7] Arch. dép., proc.-verb. 1749, 1779.

[8] Id., 1714, 1715, 1742.

[9] Id., 1752, 1754.

ges[1], ce fut le déboisement des montagnes[2]. Dès 1780,
« les forêts sont anéanties[3]. » On remédia d'abord à
cet inconvénient en échangeant du minerai contre du
charbon du Couserans ; mais bientôt le prix du charbon doubla et le fer ouvré du Comté supporta diffici-
lement la concurrence des fers étrangers. « L'exploitation baisse tous les jours », dit l'abbé de Gueydon
en 1780[4].

On trouvait encore, au xviiie siècle, quelques mai-
gres industries, telles que des minoteries[5], des fabri-
ques de draps et des tanneries. Pour les faire vivre,
les Etats avaient recours aux privilèges et aux subventions[6]. Ces mesures étaient d'ailleurs condamnées
par les libres esprits à la veille de la Révolution[7].

2. *Instruction publique.* — Les Etats ne s'occupaient pas des petites écoles[8], mais ils veillaient au
bon fonctionnement des collèges et au maintien de

---

[1] Nous lisons dans une délib. de 1746: « L'argent ne circule plus
dans la province... à cause de la décadence du commerce du fer ;
il est presque arrivé au dernier période de sa chute. » Arch. dép.,
proc.-verb. 1746.

[2] Id., 1752, 1786 (1re ass.)

[3] Arch. nat., H. 716. Mém. à Necker (par de Gueydon. 1780).

[4] Id.

[5] Arch. dép., proc.-verb. 1788.

[6] Id. Un privilège et une subvention sont accordés au sieur
Roussillou. (En 1789, Roussillou fut élu député aux Etats gén. par
la sénéch. de Toulouse). Cf. Id., 1749 : Privilège et subvention
pour l'établissement d'une soierie à Pamiers.

[7] Id., 1782, 1788 et Acoquat, l. c., p. 36.

[8] Cependant, en 1725, ils demandent au roi de permettre aux
régentes, qui tenaient autrefois des écoles à Varilhes et à Pamiers,
de rouvrir ces écoles et, en cas de refus, de saisir leurs revenus,
biens, maisons, meubles et de les donner à d'autres régentes.
Arch. dép., proc.-verb. 1725.

leurs privilèges. Ils leur accordaient aussi des subventions.

En 1667, les Jacobins du collège de Pamiers demandèrent aux Etats 300 livres pour enseigner la
philosophie ; les Etats les refusèrent d'abord à cause
de la pauvreté du pays [1], puis les accordèrent [2]. Mais
le roi ayant interdit aux Jacobins d'enseigner la philosophie, les Etats donnèrent, en 1681, cette subvention aux Jésuites [3]. La subvention fut portée à 500,
puis à 550 et enfin à 600 livres [4], mais les Jésuites
devaient avoir deux lecteurs, l'un pour la logique,
l'autre pour la physique [5]. A dater de 1724, on
accorda, pendant quelques années, 200 livres aux
Jacobins pour enseigner la théologie à des jeunes gens
qui pourraient ainsi se dispenser d'aller l'étudier à
Toulouse [6]. Les Etats demandèrent plusieurs fois au
roi d'unir le collège des Jésuites de Pamiers à l'Université de Toulouse « pour que les étudiants pussent
commencer leurs cours au collège [7]. »

Après la suppression des Jésuites le collège aurait
peut-être disparu sans les démarches instantes des
Etats [8]. Malgré la décadence de cet établissement,
les Etats lui conservèrent la subvention jusqu'à la
Révolution [9].

[1] Arch. dép., proc.-verb. 1667.
[2] Id., 1679.
[3] Id., 1681.
[4] Id., 1726, 1727, 1732, 1756 (2ᵉ ass.).
[5] Id., 1725.
[6] Id., 1724.
[7] Id., 1742. (Mention d'une délib. de 1739).
[8] Id,, 1766. Arch. nat., H.722.2. Mém. de l'intend. de Roussillon.
[9] Arch. dép., proc.-verb. 1789.

Le Comté de Foix et le Béarn avaient le droit d'envoyer l'un et l'autre trois boursiers au collège de Foix, à Toulouse. Les Etats s'occupèrent assez souvent de ce collège pour faire « exécuter sa fondation [1]. » En 1726, ils demandent que ces trois places ne puissent être occupées que par des enfants du pays [2]. En 1768, ils font des démarches communes avec les Etats de Béarn, pour conserver leurs bourses au collège de Foix [3]. En 1783, les boursiers du Comté et du Béarn se plaignent aux Etats de leurs pays respectifs parce que les anciens règlements ne sont pas suivis ; « les maîtres et les sous-maîtres, disent-ils, font des dépenses excessives et exercent un véritable despotisme dans la maison [4]. » Enfin, à la veille de la Révolution, le collège est supprimé et les Etats de Foix et de Béarn font de vains efforts pour obtenir son rétablissement [5].

Les Etats de Foix payaient encore la pension d'un élève de l'école vétérinaire [6], mais ils refusèrent l'entretien d'un élève ingénieur à l'école des Ponts-et-Chaussées [7].

En 1778, ils établirent un cours d'accouchement à Pamiers. Il fut confié au médecin Pilhes qui devait faire 45 leçons au printemps et 45 à l'automne. Ils votèrent en outre 400 livres pour l'entretien de quatre élèves qui feraient des cours sous la direction

---

[1] Arch. dép., proc.-verb. 1771, 1783.
[2] Id., 1726.
[3] Id., 1768.
[4] Id., 1783.
[5] Id., 1789. (Mention de démarches faites en 1788).
[6] Id., 1785.
[7] Id., 1782.

du professeur [1]. Les Etats annonçaient cette création urgente par un avis au public, affiché sur les murs, où on lisait : « Les sages-femmes sont sans notions, sans principes et n'exercent leur art que pour le malheur des habitants. Le tableau des manœuvres barbares, que ces matrones pratiquent, fait frémir. La province n'a pas de ville, de bourg ou village qu'elles n'aient ensanglanté, point de lieu qui ne soit marqué par les victimes de leur impéritie [2]. »

3. Hôpitaux. — Les Etats votaient chaque année un fonds de 1.000 livres pour les hôpitaux du Comté [3], plus 3 ou 400 livres, quelquefois même 7 ou 800 pour les aumônes ; ces sommes devaient être distribuées aux malheureux par les Capucins de Foix, les Tierçaires de Mazères, les Cordeliers de La Bastide-de-Sérou, les Cordeliers, les Carmes, les Jacobins, les Augustins, les Carmélites et les Ursulines de Pamiers ; ils accordaient souvent des subventions aux dames hospitalières de Foix [4]. En 1703, ils votent 100 livres qui seront données à des personnes de qualité dont la misère est connue, à condition qu'elles vivent ensemble dans une maison particulière ou dans un couvent [5].

4. Sécurité publique. — Ils s'occupent enfin de la sécurité publique et ils accordent des gratifications aux particuliers et aux fonctionnaires qui ont fait

[1] Arch. dép., proc.-verb. 1779, 1785.

[2] Arch. dép., pièces div., Avis au public. (S. d. probablement de 1778.

[3] Ces fonds allaient presque en entier à l'hôpital de Pamiers qui devait s'ouvrir pour tous les malades du Comté.

[4] Arch. dép., proc.-verb. 1667, 1688, 1675, 1677, 1680, 1681, 1703, 1709, 1710, 1728, 1742, 1756, 1759, 1788, 1789.

[5] Id., 1703. Cf. Id., 1742.

arrêter ou exécuter des voleurs et des assassins. En 1660, ils promettent 300 livres à ceux qui prendront des voleurs et des meurtriers [1]. L'année suivante, ils font poursuivre par les syndics les nombreux faux-témoins « qui portent la désolation dans les familles [2]. » Plus tard, ils donnent 300 livres au lieutenant du prévôt qui a purgé le pays des Bohêmes et en a fait condamner quatre ou cinq aux galères [3]. Ils donnent 200 livres aux consuls de Foix qui ont poursuivi et fait exécuter un parricide [4], 100 livres au vice-sénéchal qui a fait arrêter un assassin et sa femme [5]. En 1678, une bande de voleurs tient les montagnes et rançonne les commerçants sur les grands chemins, les Etats ordonnent aux consuls de faire sonner le beffroi quand ils apercevront un voleur et de lui faire courir sus ; ils promettent une récompense à ceux qui les arrêteront [6]. En 1716, des voleurs associés, c'étaient presque tous les habitants du Bosc, étaient les maîtres de la Barguillère [7] ; si on en capturait un, les autres s'attroupaient et l'enlevaient ; les Etats rendent responsables les marguilliers et les vingt-quatre principaux habitants du Bosc des meurtres, vols, excès, violences et attroupements, s'ils ne capturent les coupables pour les remettre aux consuls de Foix [8].

[1] Id., 1660.
[2] Id., 1661.
[3] Id., 1665.
[4] Id., 1675. Même somme pour un meurtrier. Id., 1665.
[5] Id., 1700.
[6] Id., 1678.
[7] Vallée de l'Arget.
[8] Arch. dép., proc.-verb. 1716.

Chapitre V

AFFAIRES POLITIQUES

1. Les Etats et les chapitres. 2. Les Etats et les protestants. 3. Les Etats généraux.

1. Les Etats et les chapitres. — Les Etats, qui furent longtemps les conseillers des Comtes de Foix et des rois de Navarre, perdirent toute influence politique avec la monarchie absolue. A peine donnent-ils un avis timide sur certaines questions religieuses et quand ils sont presque sûrs qu'il est conforme aux vœux du souverain. Enfin, ils conservent, jusqu'en 1789 exclusivement, le droit de députer aux Etats généraux.

Les Etats s'opposent aux réformes de l'évêque janséniste Caulet. Par une délibération de 1648, « ils rejetaient toute innovation à l'ancien état de l'église et chapitre de Foix[1]. » En 1660, sur une requête des chanoines de Saint-Volusien, ils décident, par 65 voix, que la délibération de 1648 sera de plus fort exécutée et ils ordonnent aux syndics de s'opposer, par devant le pape et le roi, à l'établissement des religieux réformés qui se sont introduits dans ladite église[2]. Ils n'eurent pas gain de cause et les religieux de Sainte-

[1] Arch. dép., proc.-verb. 1648.
[2] Id., 1660.

Geneviève restèrent à Foix, bien que « la réforme eût été introduite contre les formes de l'église et des canons. » Mais, en 1700, ils demandèrent au roi et au nouveau pontife la sécularisation du chapitre [1].

Ils sollicitent, la même année, la sécularisation du chapitre cathédral de Pamiers ; ils allèguent comme raison que l'état ecclésiastique languit et souffre et que toutes les cathédrales du royaume sont séculières [2]. Le chapitre de Pamiers ne fut sécularisé qu'en 1745 ; l'évêque affecta aux nationaux de la province et aux natifs de Pamiers quatre des canonicats restés à la nomination du chapitre [3]. Les Etats votèrent 10.000 livres au chapitre pour l'aider à payer les frais de l'obtention de la bulle [4].

En 1767, le chapitre du Mas-d'Azil demande sa sécularisation ; les Etats lui octroient 500 livres et appuient sa requête à Paris et à Rome [5].

Qùand le roi eut supprimé la riche abbaye de Lézat, les Etats lui demandèrent de la remplacer par un

---

[1] « *Requête de la communauté de Foix*. — Depuis l'établissement des religieux de Sainte-Geneviève aux canonicats et prieurés de l'église de Saint-Volusien de Foix, en vertu de l'union et réforme faite par M. de Caulet, évêque, cette ville a si fort déchu que le tiers des maisons est tombé en ruines et ses habitants réduits à un état si malheureux que leur misère ne peut plus souffrir d'accroissement. » Arch. dép., proc -verb. 1700. J'avoue ne pas comprendre comment le fait d'avoir obligé de joyeux chanoines à suivre la règle put causer la ruine de la ville de Foix. V. Doublet, Caulet réformateur des chapitres de Foix et de Pamiers. 1895. Paris, Picard.

[2] Arch. dép., id.

[3] En demandant la sécularisation, ils voulaient trouver des emplois pour les fils de la noblesse. Id.

[4] Id., 1746.

[5] Id., 1767.

chapitre de chanoinesses, car « nulle part, disaient-
ils, la noblesse n'est plus dévouée ni plus pauvre, les
gentilshommes ne peuvent placer leurs enfants d'une
manière convenable et le sort des filles de condition
doit surtout intéresser [1]. »

2. *Les Etats et les protestants.* — Les protestants eurent leurs libres entrées aux Etats jusqu'en
1661. Cette année-là, un vieux noble, protestant,
M. de Brie, pria l'assemblée de recevoir son fils à
sa place. Sa proposition ne fut pas mise aux voix et
le président lui dit « que l'assemblée pouvait exclure
MM. de la R. P. R. comme cela se pratiquait dans
le Languedoc [2]. »

En 1664, il fut arrêté, sauf approbation du roi, que
nul de la R. P. R., de quelque qualité ou condition
qu'il fût, n'aurait entrée ni voix délibérative aux
Etats. Les Etats de 1665 décident que si des communautés donnaient procuration à des protestants, ces
protestants seraient rejetés[3]. Le roi d'ailleurs, en
réponse à l'article 7 du cahier des remontrances des
protestants, leur avait fait très expresse défense
d'entrer aux Etats et assiettes des diocèses. Les
Etats se plaignent du grand nombre de catholiques

---

[1] Arch. dép., proc.-verb. 1788.

[2] Id., 1661. L'auteur du Projet de réforme dit que les nobles
« sont déjà privés de l'entrée pour être de la R. P. R. suivant
l'usage des Etats de Languedoc. » Il demande au roi de défendre
aux réformés de paraître aux Etats et au commissaire du roi de
les convoquer. Arch. dép., pièces div. Proj. de réf.

[3] Les communautés protestantes étaient Mazères, Saverdun, le
Mas-d'Azil, les Bordes, le Carla, Sabarat, Camerade et Campagne.
Arch. nat., K. 1162. Mém. sur le pays de Foix. 1739.

qui, par simplicité, promesses d'argent ou espoir d'un riche mariage, abjurent leur foi ; ils demandent au roi de défendre aux catholiques du pays de Foix de passer à la religion réformée « qui n'a été soufferte que par abus et contre les édits. » Ils le supplient de joindre au Parlement de Toulouse la Chambre de Castres qui juge les procès touchant à la religion réformée et où les catholiques sont vexés. Cette chambre a condamné un juge de Saverdun et même cassé une délibération des Etats. Ils dénoncent encore les protestants de Saverdun qui « pratiquent tous les jours des violences contre les catholiques, se mutinant et séditionnant[1]. »

L'année suivante, Mazères, le Carla, le Mas-d'Azil, et Sabarat envoient aux Etats des députations mi-partie protestantes, mi-partie catholiques; elles ne sont pas reçues. Les communautés s'obstinent, leurs députations sont encore rejetées; toutefois, « à cause de la difficulté que font ceux de la R. P. R. de faire les procurations en la forme prescrite à leurs députés catholiques, les Etats ordonnent que, par ci-après, le premier consul catholique desdits lieux ou l'un de ses collègues ou syndics catholiques, à l'absence l'un de l'autre, seront reçus aux Etats pour y opiner à leur rang, sans qu'il leur soit besoin d'autre procuration que leur seule qualité connue ou justifiée par le curé du lieu. » Sur la proposition de l'évêque président, l'assemblée chargeait l'abbé de Lézat, évêque de Rieux, qui se trouvait à Paris porteur des cahiers des Etats de Languedoc, de faire des remontrances au

[1] Arch. dép., proc.-verb. 1664, 1665.

roi pour qu'il obtînt de sa piété et de sa justice que nul de ses sujets catholiques du pays de Foix ne se séparât de l'église pour embrasser la R. P. R. sous les peines qu'il lui plairait d'imposer[1].

Quand le roi, écoutant enfin ses pieux sujets, eut ordonné la conversion des réligionnaires, les Etats décidèrent de contribuer à la construction ou à l'agrandissement des Eglises dans les lieux où les protestants, avant leur conversion, étaient plus nombreux que les catholiques[2]. En 1685, ils donnèrent 12.000 livres à Mazères pour l'agrandissement de son église. Au mois de mars 1686, le gouverneur fit garder les cols, de jour et de nuit, par les communautés d'Ax, de Tarascon, de Vicdessos, de Mérens et de Siguer pour empêcher l'exode des nouveaux convertis ; les Etats donnèrent 300 livres à chacune de ces communautés pour frais de garde. Les nouveaux convertis se soulevèrent en 1688, mais ils furent promptement réprimés[3].

3. *Les Etats généraux.* — Les Etats du pays de Foix avaient député plusieurs fois aux Etats généraux du royaume avant la réunion du Comté à la

---

[1] L'évêque disait : « L'aveuglement des hommes est tel que, tous les jours, ils sacrifient leur salut éternel à des considérations humaines et se séparent de la véritable église pour se perdre dans l'hérésie en embrassant la R. P. R... L'expérience nous a fait voir que, dès que les peuples abandonnent Dieu pour l'hérésie, ils méprisent la puissance souveraine des rois qui en sont les parfaites images. » Arch. dép., proc.-verb. 1666, 1667.

[2] Les églises sont si petites qu'elles ne peuvent contenir la moitié des convertis. Id., 1685.

[3] Id., 1686, 1688.

couronne[1]. Nous ne nous occuperons que des députations de 1614, de 1649 et de 1651.

Les Etats se réunirent, le 15 septembre 1614, sous la présidence de l'évêque de Pamiers, assisté du gouverneur Caramaing, commissaire du roi. Le clergé n'était représenté que par le président et les abbés de Foix et de Boulbonne. Il fut décidé, à la majorité des voix, que l'on n'enverrait qu'un représentant du tiers à cause de la pauvreté du pays. Les trois députés furent nommés par l'assemblée entière à la pluralité des voix et non chacun par son ordre. D'Esparbès, évêque de Pamiers, fut élu député du clergé, le chevalier de Lordat, seigneur de Castagnac, député de la noblesse et Bernard Méric, avocat en la sénéchaussée de Foix, député du tiers.

L'abbé de Foix fut d'avis que les députés devaient faire le voyage aux frais du pays ; l'assemblée décida, à la majorité, que chacun des ordres payerait son représentant. Les trois membres du clergé protestent et se retirent. La séance est alors présidée par le comte de Rabat ; les deux ordres restants, pour éviter la difficulté de répartir l'impôt sur la noblesse et le tiers, décident de voter une somme globale : 500 écus sols seront donnés à M. de Castagnac et 200 à M. Méric. Le clergé rentre, proteste contre

---

[1] Arch. nat., B³ 60. « Le Comté de Foix formant un pays séparé, qui a député particulièrement à l'assemblée des Etats généraux en 1614 et à plusieurs assemblées antérieures... » Règlement fait par le roi... 19 janv. 1789. « Il résulte des Etats de Tours de Jean Masselin que le pays de Foix avait ses députés aux Etats de 1484...» Id., Extr. des registres des délib. de la Cour du Présidial de Pamiers. 1788.

cette décision prise en son absence, mais reprend séance. On nomme une commission composée de l'évêque, de l'abbé de Foix et de MM. de Gudanes, de Pontaut, Viguier et Teynier, « personnes capables et suffisantes », pour « rédiger les cahiers et mémoires qui seront présentés au roi. » Nous avons vu déjà quelles furent les principales doléances contenues dans ces cahiers[1].

Dans les premiers jours de janvier 1649, Mazarin avait fait convoquer les Etats généraux à Rouen ; ils furent convoqués à Orléans quand Rouen eut abandonné la cause du roi. La convocation royale portait que les Etats se réuniraient le 15 mars ; les troubles les firent ajourner au 15 avril et la guerre au 1er octobre ; enfin, le 18 septembre, le roi fit connaître qu'ils étaient ajournés jusqu'à nouvel ordre[2].

Le 18 mars, les Etats de Foix se réunissaient sous la présidence de l'évêque pour élire les députés de la province aux Etats généraux. Les abbés de Boulbonne et du Mas-d'Azil étaient présents.

On procéda d'abord à l'élection du député du clergé. L'évêque et l'abbé du Mas-d'Azil eurent 46 voix chacun ; plusieurs membres de l'assemblée déclarèrent qu'ils préféraient l'abbé du Mas-d'Azil ; mais, malgré les protestations de ses partisans, l'abbé se désista en faveur de l'évêque.

M. de Rabat fut nommé député de la noblesse.

Pour le tiers, l'évêque proposa le syndic Teynier

---

[1] Arch. dép., proc.-verb. 1614. Id., pièces div., Procur. des syndics (1640), de Lescazes, l. c., ch. 40.

[2] G. Picot, Hist. des Etats gén., t. 5. Appendice B. Etats projetés sous la Fronde.

et l'abbé de Boulbonne M. J. de Calvet. L'évêque
protesta contre cette candidature, « attendu que le
règlement de 1637 interdit de députer toute personne
étrangère aux Etats. » L'évêque sortit avec ses partisans ; l'abbé de Boulbonne présida et fit continuer
la lecture du catalogue ; M. J. de Calvet fut élu par
51 voix, Teynier n'en obtint que 11. On allait lever
la séance, quand l'abbé du Mas-d'Azil vint déclarer
« qu'il ne se démettait pas de la nomination dont il
avait été honoré. » L'évêque invoqua le désistement
de l'abbé en sa faveur et prétendit que le règlement
des Etats portait que le tiers avis doit être mis à
part. On décida de soumettre le cas au roi[1].

En 1651, sur la pression des grands, la reine
régente convoqua de nouveau les Etats généraux,
d'abord pour le 1er octobre, puis pour le 8 septembre.
La réunion n'eut pas lieu. A la fin de l'année, Mazarin rentrait en France, reprenait sa place au minis-
tère et « la renaissance de l'autorité fit évanouir tout
naturellement des projets dont la royauté avait voulu
faire un leurre et la noblesse une intrigue[2]. »

Les Etats de Foix se réunirent au mois de juillet
1651. La convocation portait que l'on procéderait
« selon ce qui a été pratiqué aux derniers Etats, en
1614. » L'évêque de Pamiers refusa d'assister à l'assemblée parce qu'il n'avait pas eu connaissance de
la convocation.

Les abbés de Foix, de Boulbonne et du Mas-d'Azil
étaient présents. L'abbé de Foix fut élu député du

[1] Arch. dép., proc.-verb. 1649.
[2] G. Picot. l. c., t. 5, p. 284.

du clergé par 57 voix, le comte de Rabat député de la noblesse par 64 voix et J. de Calvet député du tiers par 56 voix.

L'abbé du Mas-d'Azil, le comté de Rabat, les syndics, le trésorier et Dufaur-Seré étaient chargés de rédiger un mémoire qu'ils devaient remettre aux députés [1].

---

[1] Arch. dép , proc.-verb. juil. 1651. « Les lettres de convocation, qui furent envoyées en 1649 et en 1651 pour les Etats projetés pendant la minorité de Louis XIV, furent adressées au sénéchal et en son absence au juge-mage, son lieutenant général... » Arch. nat., Bª 60. Lettre de Marquié-Cussol. 12 janvier 1789.

Pour le rôle des Etats en 1789, voir mon Histoire de la Révol. dans le départ. de l'Ariège.

CONCLUSION

1. Faiblesse des Etats. Ses causes. 2. Avantages des Etats.

1. Faiblesse des Etats. Ses causes. — Cette assemblée qui, pendant deux siècles, eut tout le pouvoir administratif, a laissé la province dans une situation misérable : ruinée, sans agriculture, sans industrie. En deux cents ans, elle n'a tenté qu'un grand effort, quand elle a voulu doter le pays de voies de communication et d'après le témoignage d'hommes aussi compétents que d'Agoult et Mercadier, elle a presque complètement échoué.

Quelles sont les causes de cette faiblesse ? Les unes sont inhérentes à la constitution des Etats, les autres sont extérieures.

A) *Causes intrinsèques.* — En fait, nous étudions les Etats à l'époque de leur décadence, c'est-à-dire quand leurs rouages faussés ne fonctionnent plus normalement. Les Comtes avaient voulu que les terres nobles et les communautés « relevant de leur directe » fussent seules représentées aux Etats. A la fin du xvie et au commencement du xviie siècles, la noblesse envahit les bancs du tiers et l'annihile ; plus tard, quand elle est déchue, l'évêque, c'est-à-dire le plus grand seigneur de la province, hérite de ses prérogatives et de ses usurpations. Pendant deux cents ans, la réalité du pouvoir fut aux mains des non-producteurs et de ceux qui contribuaient peu aux charges royales et qui ne contribuaient en rien aux charges provinciales.

En outre, la méthode de travail des États fut essentiellement vicieuse. Ils furent plutôt une chambre d'enregistrement qu'une libre assemblée où l'on aurait discuté avec ampleur les intérêts du pays. Ils n'enregistraient pas seulement les « mémoires » du roi et les « ordonnances » de l'intendant, mais encore les volontés de la noblesse ou de l'évêque, exprimées par des commissions et des syndics.

A l'exception des syndics, qui furent de laborieux commis, tous les officiers des États étaient insuffisants. Toujours pris dans le pays, nommés par la faveur et l'intrigue ou succédant à leur père, ils étaient d'une ignorance crasse, comme ces ingénieurs qui n'avaient jamais entendu parler de Trudaine et de l'école des Ponts-et-Chaussées.

Enfin, du commencement du xviie à la fin du xviiie siècles, nous pouvons constater, dans les trois ordres, une absence complète de moralité.

La noblesse amène ses vassaux dans l'assemblée pour servir ses intérêts particuliers, elle rejette ses charges sur le tiers et grossit la taille pour diminuer ses impôts.

L'évêque achète sans scrupule, avec des faveurs et avec l'argent de la province, la complaisance des nobles, des députés des villes et des subdélégués.

Le tiers des villages ne vient que toucher des jetons de présence, celui des villes se vend aussi bien à un soudard, comme Lafleurique, qu'à l'évêque Lévis-Léran.

B) *Causes extrinsèques.* — Mais hâtons-nous de dire que les Etats ne sont pas complètement responsables de la médiocrité de leur administration.

Il leur a toujours marqué le nerf de la guerre, l'argent. La royauté a écrasé d'impôts ce petit pays. Il faut d'abord payer l'impôt royal, on réparera les ponts branlants, on ouvrira des routes, on votera « les aumônes », on subventionnera les hôpitaux et les collèges, s'il reste quelques deniers dans la caisse du trésorier.

Nous avons montré les vices d'organisation des Etats. Les abus pouvaient bien s'y introduire et gagner la consécration du temps, mais l'assemblée ne pouvait se réformer sans la permission du roi. Elle n'a pas le droit de toucher à ses règlements qui sont une émanation directe du souverain. Elle est donc immobile dans l'universelle mobilité des choses.

Enfin, ce roi, sans l'ordre duquel on ne peut changer la constitution des Etats, ne semble penser à ces Etats que pour leur demander des impôts. Il n'est pas même représenté dans cette assemblée avant la fin du xviiie siècle. Toute l'administration est indigène et, à la fin, aucun pouvoir ne contrebalance celui de l'évêque, entre les mains de qui cette assemblée impuissante a abdiqué.

2. Avantages des Etats. — Et pourtant, ces pauvres Etats, « ces funestes Etats », comme disait Vadier en 1789, étaient un objet d'envie pour des pays d'élections, tels que le Comminges. C'est que, s'ils n'ont pas fourni une brillante carrière, ils n'en ont pas moins rendu des services que des voisins, privés de toute représentation, savaient apprécier.

Grâce aux Etats, des traditions de liberté sont restées dans ce pays. Ces hommes, qui s'assemblent tous les ans, gardent l'habitude et le goût de la discussion ; ils restent en quelque sorte des citoyens, quand leurs voisins sont des sujets. « La plus grande partie des provinces du royaume, dit un syndic du XVIIᵉ siècle, n'a pour son partage qu'une aveugle obéissance aux ordres de Sa Majesté. Les peuples ne connaissent les affaires d'Etat que par un bruit commun et par les gazettes, ils voguent ignorants dans le grand vaisseau qui les porte et n'ont aucune participation des choses qui passent que par les taxes et les contributions qu'on leur fait payer. Cette province, Messieurs, est bien plus heureuse, le roi vous fait l'honneur de vous écrire, vous permet de vous assembler, vous fait connaître ses besoins, écoute vos remontrances et, sans user de sa puissance, veut vous avoir de l'obligation de l'acquittement de vos devoirs. » Ces traditions de liberté ne seront pas perdues. Dans les premières années de la Révolution, la vie publique sera bien plus intense dans le Comté de Foix et le diocèse de Mirepoix, pays d'Etats, que dans le Couserans, pays d'élections.

Les Etats ont défendu les ordres et les individus contre les agents du pouvoir absolu.

Ils ont défendu aussi les privilèges de la province, des ordres, des communautés, privilèges qui représentaient une victoire des groupements locaux contre les tyrannies féodale et royale. Grâce aux Etats, le pouvoir absolu ne s'étendit jamais pleinement sur le Comté de Foix.

Enfin, leurs entreprises n'ont pas été absolument manquées et leur œuvre stérile. Si l'on compare le Comté de Foix au Couserans, à la veille de la Révolution, on trouve qu'il a plus de routes, des ponts plus solides, un enseignement public plus développé, un état social supérieur.

Pour toutes ces raisons, je crois que, dans leur enthousiasme pour la liberté reconquise, les hommes de 1789 ont été injustes à l'égard de cette vieille institution. Elle était bien plutôt la vénérable aïeule des assemblées nouvelles qu'un reste informe de la tyrannie féodale.

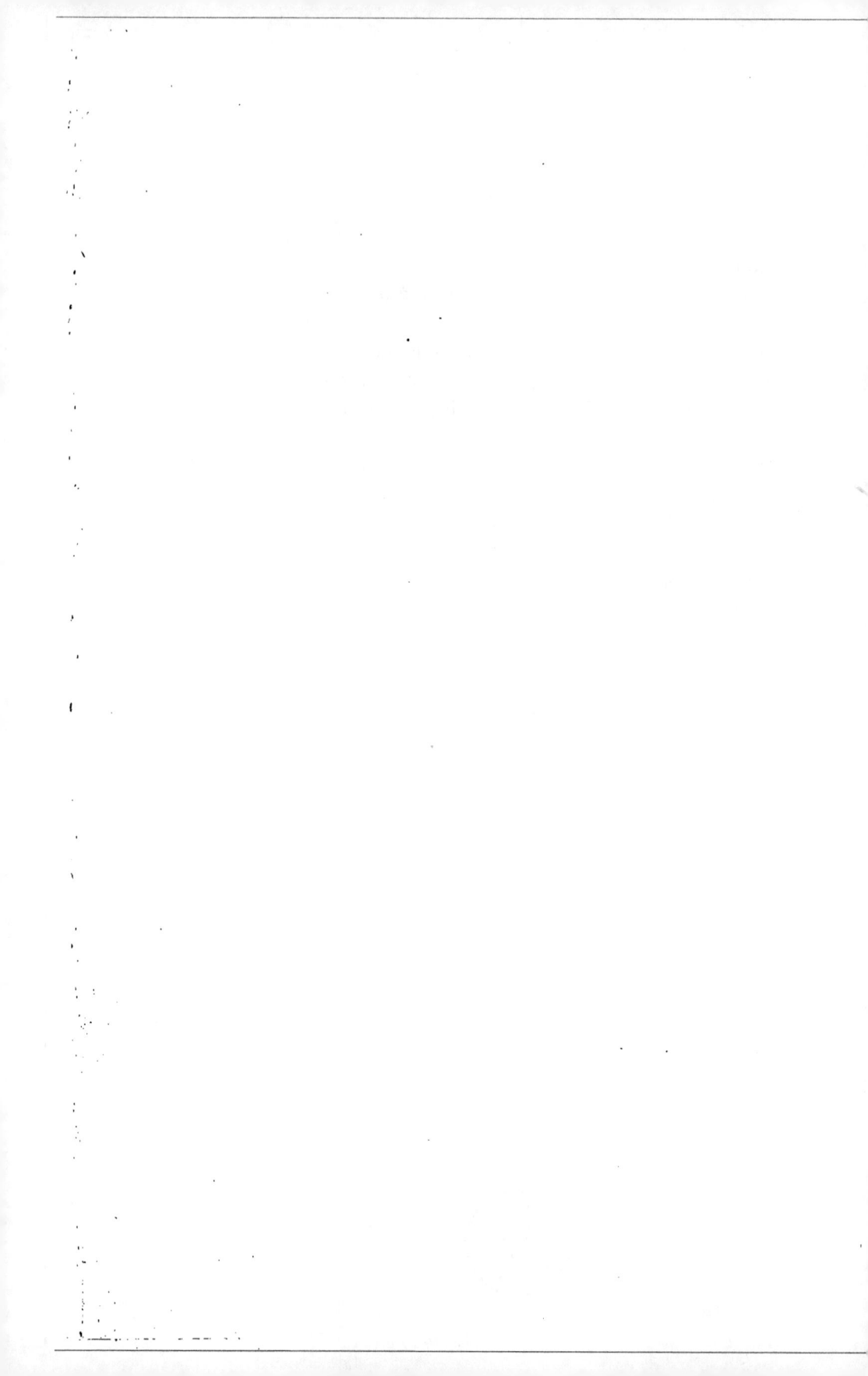

TABLE ANALYTIQUE[1]

---

[1] Les noms de personnes sont en petites CAPITALES, les noms de lieux et les noms communs sont en *italiques*.

TABLE DES MATIÈRES

Vu
Le 8 février 1904,
*Par le Doyen de la Faculté des Lettres
de l'Université de Paris*
A. CROISET.

Vu
et permis d'imprimer.
*Le Vice-Recteur
de l'Académie de Paris*
L. LIARD.

ERRATA

Page 5, ligne 6, p. 15, n. 3, p. 70, l. 8 et n. 7, *au lieu de* : Lascazes, *lire* : Lescazes.

» 32, n. 1, *au lieu de* : arrêt du, *lire* : Art. que la prov. demande être réglés par le roi.

» 33, n. 1, l. 37, *au lieu de* : 1793, *lire* : 1773.

» 34, n. 5. l. 6, *supprimer* : (1ʳᵉ ass.)

» 49, n. 3, *supprimer* : (1ʳᵉ ass.)

» 51, l. 11, *au lieu de* : est constater, *lire* : et constater.

» 64, n. 3, *supprimer* : 1687.

» 93, l. 10, *au lieu de* : sans, *lire* : sous.

» 112, n. 3. *supprimer* : (les deux assemb.)

» 117, l. 3 et l. 13, *au lieu de* : marguillers, *lire* : marguilliers.

» 123, n. 2 et 3, *supprimer* : (1ʳᵉ ass.) après 1706.

» 139, l. 18, *au lieu de* : sans en avoir pu, *lire* : sans n'en avoir
pu.

» 144, n. 8, *au lieu de* : mêm. de l'intend., *lire* : mêm. à l'intend.

» 156, l. 4, *au lieu de* : le Comtè, *lire* : le Comte.

» 160, l. 22, *référence* : Arch. dép., S. C, pièces div., Harangue
de M. Serè... (1677).

BIBLIOTHEQUE NATIONALE DE FRANCE ▸

3 7531 04426197 3

www.ingramcontent.com/pod-product-compliance
Lightning Source LLC
Chambersburg PA
CBHW060026100426
42740CB00010B/1613